KB236688

중앙아시아의
다섯 스탄

중앙아시아의 다섯 스탄

아름답고
슬프고
멀지만
가까운

오강돈 지음

글항아리

10. 다섯 스탄의 지리와 도시

11. 다섯 스탄의 정체성

앞으로 우리는 중앙아시아의 다섯 스탄 국가에 대해 폭넓고도 심도 있게 알아볼 것이다. 이들 다섯 국가는 우즈베키스탄, 카자흐스탄, 키르기스스탄, 타지키스탄, 투르크메니스탄으로, 쉽게 기억하기 위해 '우카키타투'라는 명칭을 사용하겠다. 영어로 바꿔 부르자면 '카키타투우즈KaKyTaTUz'로 쓸 수 있겠다.

다섯 스탄은 여행 갈 만한 곳인가? 답은 '예스'다.

우선 다섯 스탄의 자연은 기대 이상이다. 카자흐스탄 최대 도시이자 옛 수도인 알마티는 한국에서 직항으로 갈 수 있으며, 알마티 시내에서는 톈산 산맥 북사면의 만년설을 감상할 수 있다. 근교 산지로 오르면 만년설이 흘러내려 형성된 크고 작은 호수들이 장관을 이루며, 천혜의 침엽수림 지대를 트레킹할 수도 있다.

알마티에서 자동차로 몇 시간 나가면 웅장한 협곡 지대를 체험할 수 있으며, 알마티 북쪽의 캅차카이 호수를 끼고돌아 알틴에멜국립공원 구역으로 진입하면 사막지대, 오아시스, 대초원, 형형색색의 암석 등 다양한 식생과 기후가 공존하는 대자연을 만나게 된다. 알마티에서 동쪽으로 가다가 남쪽으로 방향을 틀어 비포장도로를 달리다보면 문득 거대한 구릉과 초원이 펼쳐지고, 사륜구동차로 아씨투르겐 천문대까지 올라가면 사방이 탁 트인 광활한 경관을 만날 수 있다. 나아가 키르기스스탄을 중심으로 카자흐스탄과 우즈베키스탄 영토까지 뻗어 있는 톈산 산맥, 그리고 카자흐스탄 서쪽으로 펼쳐진 유라시아 스텝 지역은 그 어디서도 볼 수 없는 대자연의 아름다움을 품고 있다.

파미르 고원은 주변 고산준령 예닐곱 좌가 떠받들고 있는 형태로, 그래서 '산맥들의 매듭Knot'이고 '세계의 지붕'이라 불린다. 1000여 개의 빙하 지역과 수백 개의 호수와 강물 그리고 눈표범 등 희귀 동물과 식물이 자생하는 타지키스탄의 국립공원을 이루고 있다. 키르기스스탄 동부에는 커다란 이식쿨 호수가 있다. 옛 소련 시대에는 자연 풍광이 수려한 지역마다 특유의 치료형 휴양소(사나토리움) 시설을 설치했는데, 키르기스스탄에는 주로 이식쿨 호수 북안의 휴양 도시 촐폰아타에 밀집해 있다. 촐폰아타에서 동쪽으로 가면 세계 각국의 트레킹 애호가들이 찾아드는 카라콜이 있다. 카라콜은 알라쿨 호수를 지나 산중 온천을 즐길 수 있는 알라쿨 패스 트레킹의 기점이다.

아랄해 동쪽으로는 카자흐스탄, 우즈베키스탄, 투르크메니스탄에 걸쳐 키질쿰 사막지대가 펼쳐져 있다. 여름과 겨울의 기후 편차가 극심한 가운데 다양한 꽃과 동식물, 다채로운 색깔의 기암괴석과 토양을 자랑한다.

다섯 스탄의 문화유산도 훌륭하다. 우즈베키스탄 사마르칸트는 과거 다섯 스탄을 정복한 모든 제국이 지배했던 도시로, 이른바 '수많은 문명의 교차로Crossroad of Cultures'라는 별칭으로 유네스코 문화유산에 등재되었다. 부하라의 역사적 구도시는 웅장하고 독특한 외관을 자랑하는 옛 모스크, 마드라사, 미나렛, 영묘들이 자리하고 있는 역사문화 관광지다. 아무다리야강 하류의 히바 구시가지에도 이찬칼라 성벽을 비롯한 고대 이후 이슬람 유적들이 보존되어 있다.

중앙아시아의 가장 유명한 문화유산은 실크로드일 것이다. 그중 다른 회랑들과 사방으로 연결되는 핵심 구간은 바로 제라프샨-카라쿰 회랑으로, 동서 교역로의 요충지 사마르칸트, 부하라, 그리고 페르시아 땅으로 향하는 현재의 오아시스 도시 메르프를 잇는다.

카자흐스탄 알마티 주변에는 고대인이 남긴 탄발리 암각화 유

적이 있고, 투르케스탄에는 티무르 제국 때 지어진 야사위 영묘
가 있다. 투르크메니스탄 아시가바트 지역에는 파르티아 제국의
요새 유적지가 존재하며, 메르프에는 고대 유적이 잘 보존되어 있
다. 옛 호라즘의 거점도시인 다쇼구즈 인근에도 고대 사원 건축
물이 남아 있다.

다섯 스탄은 어떤 천연자원을 보유하고 있을까? 카자흐스탄의
경우 채굴 가능한 석유 매장량이 세계 11위 또는 13위 정도며,
천연가스 매장량도 적지 않다. 투르크메니스탄에는 러시아, 이란,
카타르에 이어 세계에서 네 번째로 많은 천연가스가 매장되어 있
다. 우즈베키스탄도 석유와 가스 자원 매장량이 적지 않다.

다섯 스탄에는 석탄과 철을 비롯하여 우라늄, 구리, 망간, 알루
미늄, 금, 은, 텅스텐 등 세계적으로 중요한 광물자원을 보유하고
있다. 또한 세계적으로 친환경, 재생 에너지 생산과 첨단산업에
필수불가결한 물질인 리튬, 납, 동, 코발트, 크롬, 몰리브덴, 아연
등이 생산되고 있어 그동안 희귀자원 패권국으로서 중국이 누려
오던 지위를 분점할 수 있게 되었다.

중앙아시아의 다섯 스탄은 분쟁과 관련하여 지정학적으로 주
목받는 지역이다. 북쪽으로는 러시아, 동쪽으로는 중국, 남쪽으로
는 아프가니스탄과 파키스탄, 서쪽으로는 이란·튀르키예와 접하
고 있어, 미국도 관심을 소홀히 할 수 없는 곳이다. 특히 다섯 스

탄은 오랫동안 소련의 구성 공화국이었으며, 그보다 훨씬 과거에
는 중국과 긴밀한 역사 관계를 이루고 있었다. 옛 소련이 해체된
후 독립국이 된 다섯 스탄에는 러시아의 잔영이 깊이 배어 있으
면서 경제와 정치 분야로는 중국의 영향이 확산되고 있다.

다섯 스탄의 민족은 몽골로이드와 코카소이드가 다양하게 섞
여 있으며, 언어는 투르크어와 페르시아어를 기반으로 한다. 이들
의 문화에서는 알타이, 투르크, 이란(아리안)/페르시아, 이슬람, 헬
레니즘의 영향을 엿볼 수 있다. 역사와 문화를 연구하는 학계는
보편적으로 러시아어를 기반으로 진행되어 왔으며, 그 밖에 중국,
유럽, 미국, 아랍, 이란, 튀르키예 등 다양한 기반의 연구자들이 있
어 시각과 해석 차이가 발생하기도 한다. 따라서 다섯 스탄을 바
라볼 때는 어느 한쪽의 시각을 채택해선 안 되며, 입체적인 시선
과 다양한 자료를 종합적으로 분석할 필요가 있다.

중앙아시아의 역사, 지리, 미래는 우리에게 어떤 의미를 주는
가? 그동안 우리는 만주 너머 유라시아 평원과 중앙아시아가 우
리와 어떤 연관성이 있는지 제대로 알지 못했다. 그 이유 중 하나
는 오랫동안 중국이라는 안경을 통해 그들을 바라봤기 때문이다.
우선 그들 민족과 영토를 지칭하는 용어들만 해도 중국식이다.
즉 오손, 월지, 색족, 강거, 흉노, 선비, 오환, 탁발, 유연, 활, 돌궐,
철륵, 거란, 여진, 대완 등 옛 나라들의 명칭은 각 민족어의 발음

을 한자로 음차한 것이다. 더욱이 광활한 유라시아 대륙에서 역사
와 전통을 이어온 그들을 고작 '만리장성 너머에 있는 북방 오랑
캐Barbarian'로 치부한 것도 그러한 영향이라 할 수 있다. 예전에도
우리는 중앙아시아와 직접적인 관계를 형성했고 지금도 마찬가지
다. 중앙아시아가 우리의 머리와 가슴을 쾅쾅 두드릴 수 있다. 그
곳과 그 사람들에 대해 알게 된다면.

나는 늘 배동만 사장님께 감사드린다. 배동만 사장님은 호텔신
라, 에스원, 제일기획 등을 경영하셨는데 선공후사의 덕목을 견
지하셨고, 나에게 삼성의 경영 시스템을 지도해주셨다. 또 언제나
지지해주는 가족에게 감사한다.

오강돈

1.
중앙아시아가
우리의 머리와 가슴을 쾅쾅 두드릴 수 있다

'아시아'와 '유럽'의 어원

한국은 유라시아 대륙 동쪽에 자리 잡고 있다. '유라시아 대륙'은 말 그대로 유럽과 아시아 땅이 '하나의 대륙'으로 붙어 있기 때문에 생겨난 명칭이다. 그러나 유럽인은 역사문화적으로 유럽과 아시아가 사뭇 다르다는 이유로 마치 별개의 대륙인 것처럼 취급해왔다.

유럽인이 처음부터 유라시아 대륙 동쪽에 자리한 아시아 땅의 실체를 알고 있었던 것은 아니다. 아시아에 대한 그들의 기본적 인식은 매우 단순한 것으로, 바로 '유라시아 대륙에서 유럽을 뺀 지역' 정도에 지나지 않았다.

오랫동안 유럽인이 사용해온 '아시아'와 '유럽'이란 명칭에 얽

힌 어원도 여러 가지가 있는데, 어떠한 설도 확실히 입증되진 못한 듯하다. 가장 타당해 보이는 두 가지 해석 중 하나는 특정 인물의 이름을 지어 붙였다는 것, 다른 하나는 아시아는 해가 뜨는 쪽을 뜻하고 유럽은 해가 지는 쪽을 뜻한다는 것이다.

한편 유럽에서 동방을 표현하는 용어로 '오리엔트orient'가 있다. 그러나 이 용어는 지역적으로 이집트와 리비아 등 북아프리카 동쪽의 일부 지방을 포함하는 개념이므로 엄밀히 보자면 '아시아'와 다른 개념이다. 하지만 '오리엔트'의 어원에도 '해가 뜨는 쪽'이라는 의미가 있다 하니, 어쨌거나 유럽인들 특히 유럽 정신의 지주라고 자부하는 그리스나 로마 사람들은 대체로 동쪽 지역을 '해가 뜨는 쪽'으로 인식했다고 할 수 있다. 또 이스라엘, 팔레스타인, 요르단, 시리아, 레바논 등을 중심으로 히는 동부 지중해 지역을 일컫는 용어 '레반트revant'의 어원도 (해가) 떠오른다는 뜻이 포함되어 있다.

유럽인은 시대에 따라 서서히 '유라시아 대륙에서 유럽을 뺀 지역'을 인지해나갔으며, 처음에는 지리적으로 유럽에서 가까운 동쪽 지역을 아시아로 간주했다. 말하자면 초기 유럽인이 접한 아시아는 지금의 튀르키예, 즉 아나톨리아 반도였다. 이후 메소포타미아 또는 페르시아(현재의 이라크와 이란 지역)로 확장됐고, 더 멀리 인도 북부와 중앙아시아 지역을 인지하게 되었다. 유럽인이 아시아에 대해 '근동近東, Near East' '중동中東, Middle East' '극동極東, Far East'이라는 용어를 사용하게 된 배경이 바로 여기에 있다. 이에 대해 아시아를 '발견'했다고 표현하는 경우가 있는데, 이미 오래전부터 그 땅의 주인으로 살아온 사람들이 있었던 만큼 이는 유럽 중심적인 발상이 아닐 수 없다. 그런 식으로 따지자면 맨 처음 인류는 아프리카로부터 유럽 등 기타 지역으로 이동한 것이 주류의 시각이었으니, 누가 어디를 발견했다는 것 자체가 어불성설이라 하겠다.

어쨌든 유럽인이 점차적으로 더 넓은 아시아 영토를 인식함에 따라서 초기 유럽인의 인식 속에 '아시아 그 자체'였던 아나톨리아 반도, 즉 지금의 튀르키예는 '소아시아'라는 개념으로 대체되었다.

유라시아 대륙의 경계선

유럽과 아시아는 엄연히 하나의 대륙에 붙어 있다. 그것도 아시아와 아프리카를 가르는 수에즈 지협 또는 북아메리카와 남아메리카를 가르는 파나마 지협처럼 좁고 잘록한 땅으로 연결된 게 아니라 아주 두텁게 붙어 있다. 하긴, 하나의 대륙이므로 붙어 있다는 표현 자체도 이상한 것이다. 그러나 대륙을 유럽과 아시아로 구분 지을 만한 경계선이 필요했다. 그 경계로 상정한 지형 지표는 다음과 같다.

첫 번째 경계는 북극해에서 카자흐스탄 서북부까지 일자로 뻗어내린 우랄 산맥이다. 우랄 산맥의 평균 높이는 해발 1000미터 정도이며, 최고봉은 해발 1900미터쯤으로, 생각보다 높지 않다. 두 번째 경계는 중앙아시아 다섯 스탄 국가의 서쪽에 자리한 카스피해다. 그러면 우랄 산맥 남쪽 끝부터 카스피해 북쪽까지의 비스듬한 부분이 애매해진다. 그 '애매한' 영토인 카자흐스탄 서쪽 일부는 유럽으로 포함되었다. 이에 따라 러시아와 튀르키예뿐만 아니라 카자흐스탄도 유럽과 아시아 영토를 동시에 소유한 나라에 포함된다.

그런 이유로 카자흐스탄의 일부 스포츠 종목(협회)은 유럽 경기에 출전하고, 어떤 스포츠 종목(협회)은 아시아 경기에 출전한다. 예컨대 카자흐스탄의 몇몇 설상(동계) 종목은 유럽연맹 소속이며 축구도 유럽축구연맹UEFA에 속해 있으며, 러시아와 튀르키예도 자연스럽게 유럽축구연맹 소속이다. 월드컵의 아시아 예선전이나 아시안컵 경기가 열릴 때 한국과 우즈베키스탄 경기는 간혹 볼 수 있지만 카자흐스탄전 경기를 볼 수 없었던 건, 우즈베키스탄 축구협회가 아시아연맹 소속이고 카자흐스탄 축구협회가 유럽연맹 소속이기 때문이다. 반면에 카자흐스탄은 2011년 아시안게임을 개최했으니 이런 경우에는 또 아시아 소속이다.

　유럽과 아시아의 세 번째 경계선은 러시아와 국경이 맞닿은 코카서스 3국, 즉 조지아·아르메니아·아제르바이잔 사이에 걸쳐 있는 코카서스 산맥(캅카스 산맥)이다. 코카서스 산맥에는 해발 4000미터가 넘는 산들이 즐비하며 최고봉은 해발 5600미터가 넘는다. 산맥의 동쪽에는 카스피해가 있고 서쪽에는 흑해가 있다. 코카서스 산맥 북쪽(러시아)의 유럽에서 우리 귀에 친숙한 곳은 이슬람 분리주의 관련 뉴스로 자주 언급되는 체첸공화국, 동계올림픽이 열렸던 흑해 연안의 소치 등이다. 동양인을 뜻하는 ‘몽골로이드’나 아프리카인을 뜻하는 ‘니그로이드’처럼 백인을 뜻하는 ‘코카소이드’(코카서스 인종)라는 용어는 ‘코카서스’에서 비롯되었을 것으로 추정된다.

　유럽과 아시아의 네 번째 경계는 흑해와 지중해를 연결하는 보스포루스 해협이다. 튀르키예 영토에 속하는 이 해협은 유럽과 아시아의 경계로 널리 알려져 있지만, 해협 서남쪽에 있는 자그마한 마르마라해를 거쳐 다시 또 서남쪽으로 다르다넬스 해협을 지나야만 지중해(에게해)로 나갈 수 있기 때문에 다르다넬스 해협도 유럽과 아시아의 경계라 할 수 있다.

유라시아의 동쪽과 서쪽: 열린 땅

유라시아 대륙의 동쪽 끝에 있는 일본은 섬나라이기 때문에 유라시아 대륙의 어느 국가든 방문하려면 배를 타거나 비행기를 타야 한다. 반면 우리나라는 대륙에 연결된 반도 땅이지만 분단국가인 탓에 대륙으로 이어지는 육로 교통을 이용할 수 없다. 결국 한국은 섬나라인 일본과 다를 바 없는 처지인 셈이다.

한국에서 유럽으로 가는 비행기 노선 중에는 유라시아 대륙 중앙의 초원과 건조 지대 또는 고원 지대를 지나는 노선이 있다. 지금의 몽골, 러시아 남부, 중국 신장웨이우얼, 카자흐스탄을 비롯한 스탄 국가들의 상공을 지나는 것이다. 하늘에서 내려다보면 무척 척박해보이는 이 지역들이 먼 옛날에는 지금과 달리 비옥한 환경이었다는 게 믿어지지 않는다. 지리학계 조사에 따르면 수만 년 전에는 강수량도 많고 식생환경이 풍성해 인류의 조상 중 상당수가 이곳에서 동물 먹이를 수렵하며 살았다고 한다 고고학계 연구 결과도 지구 곳곳에 퍼져 있던 인류 가운데 중앙유라시아에 거주하는 인구 비중이 제법 크다는 결론을 내림으로써 고대에는 이 지역의 생태환경이 인간의 생존 조건에 적합했음을 알 수 있다.

긴 세월이 흘러 오늘날과 비슷한 기후로 변화하자, 작물 재배가 가능한 몇몇 강 유역에서는 본격적으로 농경 생활을 하는 정착 집단이 형성되었고, 초원지대에서는 동물을 기르며 이동 생활하는 유목민이 등장했다. 유목민은 수천 년 전부터 말을 사육하기 시작했고, 이후 말 위에 올라 빠르게 이동할 수 있게 되면서부터 활동 반경이 대폭 확장됐다. 동서로 열린 넓디넓은 대륙에서 말을 타고 자유롭게 내달리게 된 후로, 유목과 이주의 범주는 동쪽 끝에서 서쪽의 흑해 북쪽 평원까지 확장되었다.

중국이라는 안경을 끼고 중앙아시아를 바라본 한국인

한국인이 진취적이고 개방적이기는 해도, 오늘날 만주 너머 중앙 유라시아 지역에는 별로 흥미를 느끼지 못하는 게 사실이다. 역사적으로 공감대가 적을 뿐만 아니라 지리적으로 우리와 연관성을 찾기 어렵기 때문일 것이다. 생소하고 연관성이 없기로는 유럽도 마찬가지지만, 근현대 전환기에 문명국으로 발전한 유럽으로부터 많은 영향을 받았던 만큼 관심의 격차가 클 수밖에 없다.

한국인이 만주 너머 중앙유라시아에 연관성과 공감대를 못 느끼는 또 다른 이유는 오랜 기간에 걸쳐 형성된 역사적 인식 때문이다. 쉽게 말해서 우리는 아주 오랫동안 이 지역을 중국이라는 안경을 끼고 바라봤다. 우선 그 지역에 사는 이들을 부르는 용어부터 중국식이다. 예로부터 만주, 몽골, 서역 등지에 거주해온 민족들에 대해 오손烏孫, 월지月氏, 색족塞族, 강거康居, 흉노匈奴, 선비鮮卑, 오환烏桓, 탁발拓跋, 유연柔然, 활滑, 돌궐突厥, 철륵鐵勒, 계단契丹(거란), 여진女眞, 대완大宛 등의 한자명을 사용해왔다. 이는 중앙

유라시아 각 민족어를 음차하여 중국어로 표기한 것이다. 예를 들어 색족의 '색塞'은 '스키타이'를 음차한 것이다.(현대 중국어로 '색'은 '싸이'로 발음된다. 다만 현대에는 그 호칭이 달라져서, 요즘 중국인들은 스키타이를 '싸이'라 하지 않고 '스지타이斯基泰'라고 한다.)

또한 춘추시대 이후 중국은 북쪽 및 서쪽 초원지대에 거점을 둔 유목 세력으로부터 중원을 지키기 위해 끊임없이 정벌에 나서거나 장성을 축조해온 까닭에 유목민은 오랑캐라는 인식이 강했다. 우리 선조들도 그런 중국인의 용어와 인식을 공유하면서 '장성 너머 북방의 오랑캐(야만인, Barbarian)'라는 시선을 갖게 되었고, 우리와의 연관성은 저만큼 멀어질 수밖에 없었다.

과연 중앙유라시아에 살던 이들은 야만인이었을까? 우리가 몰랐을 뿐 그들에겐 저마다 역사와 문화가 있었다고 보는 게 맞다. 아니, 중앙유라시아의 역사에는 우리가 상상하는 것 이상의 의미가 있으며 어떤 꼬투리로든 우리와 인연이 닿아 있다고 볼 수 있다. 삼국시대와 통일신라시대의 기록을 봐도 서역인들과 직접 교역했음을 알 수 있다. 고려 때는 몽골 지배의 영향으로 소주 증류 기술이 도입되었고, 제주도에서는 말을 사육했고, 설렁탕이나 곰탕 등의 문화가 이입되었다. 하지만 중국으로부터 유교 및 한자 문화를 받아들이면서 우리는 중국인의 시각으로 세계를 인식해왔다. 사실 광활한 유라시아 대륙 전역에 걸쳐 세력을 형성해온 이들을 고작 '만리장성 너머의 북방 오랑캐'로 일반화하는 것은 어폐가 있다.

연결과 꿰맴

우리가 한국 영토 안에서 한국이라는 나라를 생각할 때와 다른 나라에서 한국을 바라볼 때의 감정은 사뭇 다르다. 사실 특별할 것 없는 일상생활 속에서는 자신과 주변을 의식적으로 객관화하지 않으면 새로운 시야를 확보하기 어렵다. 과거와 현재의 인식이 크게 다를 바 없다. 반면 가까운 일본 쓰시마섬, 중국 산둥, 러시아 연해주에만 가봐도 외부에서 내부를 바라보는 시선이 생겨난다. 하물며 드넓은 중앙유라시아 땅에 서 있다면 어떠하겠는가.

먼 옛날 중앙유라시아 사람들과 우리의 선조가 언어, 혈통, 역사적으로 어떠한 인연이 있었다고 생각할 때 우리는 새로운 인식의 지평을 얻을 수 있다. 한국인의 기원이 중앙유라시아라는 주장을 하려는 게 아니다. 이제는 '한국인의 종족적 기원은 북방계와 남방계의 단일하지 않은 복합적 구성'이라는 학문적 합의가 보편적으로 수용되고 있다. 단지 우리 인식 속에 여백으로 남아 있는 유라시아의 역사와 지리를 배워보자는 말이다.

지금 학생들은 어떤지 모르겠지만, 과거의 역사 공부는 수많은 사건을 시대순으로 달달 외워버리는 방식이었다. 즉 국사와 세계

사를 종합적으로 이해하기보다는 지리적 인식도 없이 국사는 국사대로, 동양사는 동양사대로, 서양사는 서양사대로 암기하는 주입식 교육이었다. 이렇게 습득한 지식은 삶과 세계를 이해하는 밑거름이 되기는커녕 사실적 내용조차 온전히 이해하기 어렵게 만들었다.

세계의 지리와 역사를 제대로 인식하게 된다면 새로운 세계 인식에 다가갈 수 있다. 그러기 위해서는 입체적이고도 폭넓은 시야가 필요하다. 예를 들어 오늘날 과학, 언어, 종교 등의 분야는 고대 아라비아 반도에서 발흥한 이슬람 세력의 공로에 힘입은 바가 크다. 이들이 일궈낸 문명은 아프리카와 지중해와 이베리아 반도와 유라시아 대륙과 동남아시아에까지 이르렀다. 한 번쯤 아라비아 반도에서 시작된 문명의 근원에 대해 살펴보기를 권한다. 또 다른 예로 투르크 제국을 들 수 있다. 아랍인들과 페르시아인들까지 아울렀던 투르크의 제국은 거대 비잔틴을 무너뜨렸다. 동로마는 투르크에 대항하자며 유럽에 십자군을 호소했다. 비잔티움의 중심 콘스탄티노플을 투르크가 접수하여 이스탄불이 되었는데, 현대 이스탄불 옛 성곽에 남아 있는 동로마의 흔적은 우리에게 실감 나는 고대 역사를 전해주고 있다. 우리는 세계에서 가장 장구하다고 할 수 있는 페르시아(이란)의 역사와 문화에 대해서도 편향된 시각을 갖고 있다. 예컨대 고대 스파르타와 페르시아의 전투를 그린 영화 「300」를 보면 그리스와 유럽의 관점으로 묘사된 페르시아인은 마치 괴물처럼 한껏 과장되어 있다. 이란 민족들은 고대 이후 서아시아뿐만 아니라 유럽, 중앙아시아, 남아시아 등지로 흩어져 살면서 자신들의 전통을 이어갔다. 강성했던 중앙아시아는 또 어떤가. 인도 아대륙을 지배했던 중앙아시아인들의 문화는 타지마할의 완벽한 미학으로 보는 이를 매혹시킨다.

이렇게 열린 시선으로 한반도를 비롯해 우리와 어떤 인연이라도 있었을 법한 만주, 시베리아, 러시아, 중국, 몽골, 투르크, 알타이, 아랍, 인도, 그리스, 페르시아, 스키타이, 흑해 평원 등 동서남북의 지리를 바라보고, 그와 더불어 과거와 현재의 역사를 고려해본다면 이전과는 다른 역사적 인식이 생겨나고 꿰어지면서 가슴을 쾅쾅 두드릴지도 모른다.

2.
세계의 관심이 쏠리는 중앙아시아

관심에서 밀려나는 러시아

이 책에서는 중앙아시아 중에서도 다섯 스탄 국가 '우카키타투', 즉 우즈베키스탄, 카자흐스탄, 키르기스스탄, 타지키스탄, 투르크메니스탄을 중심으로 살펴볼 것이다. 이들 다섯 나라는 한동안 공산권 소비에트 연방에 속해 있었기 때문에 거의 모든 분야의 학술 연구가 러시아어 기반으로 구축되어 있다. 물론 중국, 유럽, 미국, 아랍, 이란, 튀르키예에서도 진행된 관련 연구는 있지만, 각자 시각이 다르다보니 동일한 사건에 대해서도 서로 다른 해석이 발생하곤 한다. 이런 시각과 해석들은 근본적인 약점을 지닐 수밖에 없다. 러시아든 중국이든 미국이든, 한쪽 입장에 치우친 자료와 지식에 근거하여 해석하기 때문에 그 결과는 편향적일 수밖에 없는 것이다. 이처럼 러시아·중국·미국 등 강대국의 시선으로 연구가 진행된다는 것은 다섯 스탄이 자기 역사의 주체가 되지 못하고 대상화되는 것으로, 결과적으로 객관적이고도 정확한 해석이 불가능하다. 다섯 스탄을 제대로 이해하려면 러시아나 중국의 관점뿐만 아니라 좀더 글로벌한 배경과 지식을 동원해 객관적이고도 입체적으로 살펴볼 필요가 있다.

다섯 스탄은 과거 제정러시아와 소련의 지배를 받아온 만큼 각자 독립을 이룬 후에도 좀처럼 러시아의 영향권에서 벗어나지 못했다. 소련연방 시절에 이곳 사람들은 러시아어를 우선적으로 구사해야만 사회생활에 유리했으며, 러시아인과 결혼하면 좀더 쉽게 출세할 수 있었다. 당연한 말이지만, 소련 해체 이후에도 이들 나라에서는 러시아어가 함께 쓰였다.

여기서 명심해야 할 사실은, 제정러시아와 소련에게 지배당하기 전 오랫동안 그 땅에 살아온 사람들은 투르크 계통의 언어를 사용해왔다는 것이다. 그중 타지크 민족은 페르시아 계열 언어를 사용했다. 소련은 초기에 각 민족어를 존중하는 듯했으나 곧 러시아어 위주의 정책으로 전환했으며, 각 민족어를 표기하는 문자 체계도 러시아식 키릴문자로 바꿨다. 이에 따라 다섯 스탄 사람들의 오랜 언어문화와 정신세계는 러시아풍으로 변화되었다. 현대식 문물이 등장할 때마다 그에 관련한 용어는 러시아어로 정해지는 등 모든 기술, 과학, 학술 용어가 러시아어로 채워졌다. 새로운 세대의 등장과 함께 더 빠른 속도로 러시아화가 진행되던 중 갑자기 소련이 해체되었고, 다섯 스탄은 독립을 계기로 자신들의 언어를 회복하기 시작했지만 러시아어의 잔재는 쉽사리 제거되지 않고 있다. 특히 과학, 기술, 학술 분야에 깊이 배어 있는 러시아의 영향은 한동안 지속될 것이다. 러시아도 이런 상황을 잘 알고 있으며, 다섯 스탄에 대한 영향력을 유지하는 데 활용하려 한다.

점점 가까워지는 중국

소련 해체와 함께 독립한 다섯 스탄은 급속히 성장하는 중국과 친밀해지기 시작했다. 중국은 지리적으로도 밀접한 까닭에 오래전부터 꽤 많은 사건으로 얽혀 있었다. 서로 주고받은 영향 관계로 따져보자면 러시아뿐만 아니라 중국도 이들 나라와 깊은 역사적 관계가 있다고 볼 수 있다. 넓게 볼 때 지금 중국과 가까워진 현상은 새삼스러운 게 아니다.

카자흐스탄과 투르크메니스탄은 석유와 가스 자원이 풍부하지만 바다를 끼고 있지 않아 선박을 이용한 해외수출이 용이하지 않다. 결국 소련으로부터 독립한 후에도 러시아 영토를 관통하는 파이프라인을 빌릴 수밖에 없었는데, 중국으로 통하는 파이프라인이 깔리면서 자원 수출의 새로운 돌파구가 열렸다. 나머지

스탄 국가들도 중국을 상대로 자원을 수출할 길이 열리면서 상호 교역량이 급증했다. 이에 따라 중국은 다섯 스탄에 직접 투자하는 나라 중에서 가장 중요한 존재로 자리매김했다.

중국 입장에서는 석유와 가스를 들여올 수 있는 최적의 대안을 얻은 셈이다. 물론 중국도 산유국이기는 하지만 절대 소비량에는 미치지 못할 뿐더러 러시아와 연결된 파이프라인이 있다고는 해도 언제나 대안은 소중한 법이다. 또한 중국으로서는 역사적으로 미확정 상태였던 국경 문제를 매듭짓고 국경 관리를 탄탄히 하는 부분도 중요하다. 현재 중국 서남부를 둘러싼 카자흐스탄, 키르기즈, 타지키스탄, 파키스탄, 인도와의 국경 지대는 불안정한 상황이다. 옛 소련 시대에는 카자흐스탄, 키르기즈, 타지키스탄과의 국경에서 분쟁이 벌어지기도 했다. 소련이 해체된 후 키르기즈, 타지키스탄과의 국경은 임시봉합 수준으로 타결했고, 중국은 두 나라에 경제적 보상도 제공했다. 그러나 두 나라 내에서는 이 타결에 대해 비판적인 여론이 우세하고 중국에서도 원래 주장했던 것보다 너무 크게 양보했다는 인식이 있어, 수면 아래 감춰져 있는 국경 문제는 언제든 불거질 수 있다.

아프가니스탄의 동쪽 영토는 꼬리처럼 기다란 회랑을 이루고 있는데, 바로 그 동쪽 끝부분이 중국과 맞닿아 있다. 이 국경선의 길이는 약 73킬로미터 정도로, 과거 아프가니스탄을 침공한 영국에 의해 획정된 것이다. 짧은 국경선이지만 중국은 사회 상황에 따라 교류와 통제를 오가며 탄력적으로 관리하고 있다. 특히 잘 알려진 바와 같이 중국은 마약류 관리에 매우 엄중한 잣대를 적용하며 처벌 강도 또한 매우 높다. 이에 따라 아프가니스탄에서 생산된 마약이 다섯 스탄을 경유해 중국으로 흘러들 가능성을 우려해 접경 국가들에게 늘 협조를 당부하고 있다.

중국에게 다섯 스탄은 서쪽 유럽 세계와 연결되는 통로이기도 하다. 그렇게 볼 때 이 지역은 도로와 철도를 통해 유럽에 진출하고자 하는 일대일로—帶—路 프로젝트의 경유지다. 이와 관련하여 중국 당국이 민감하게 여기는 신장웨이우얼 자치구가 핵심 지역으로 주목받고 있다. 중국 서쪽에 자리한 신장웨이우얼 지역은 언어, 종교, 종족 차원에서 다섯 스탄과 꽤 친밀성이 높다는 점에서 다섯 스탄과 안정적 관계를 구축하는 거점 역할을 할 것으로 보인다.

3.
투르크어를 사용하는 사람들

알타이 민족과 알타이어

한국인의 정체성에 관한 이야기를 할 때 흔히 한민족韓民族, 백의민족, 배달민족 등이라는 표현을 사용하곤 한다. 이때 '민족'을 이루는 공통 기반은 어떤 것일까? 같은 언어를 사용하는 것? 같은 혈통으로 구성되는 것? 거주 지역이 동일한 것? 같은 문화와 역사를 공유한 것? 아니면 이 모든 것을 포함하는 것일까?

먼저 언어에 대해 생각해보자. '한국어'라 하면 저절로 한글을 떠올리게 되는데, 이는 언어(한국어)와 문자(한글)가 구분되지 않을 만큼 고유하다는 것을 뜻한다. 그런데 오랜 세월 초원 지역을 옮겨 다니며 살아온 중앙아시아의 민족들은 수없이 충돌하고 화합하는 과정을 거치면서 서로의 언어와 문자도 영향을 주고받아왔다. 한국인의 경험과 정서로 봤을 때 이런 현상은 생소하기 짝이 없다.

다섯 스탄 국가 중 타지키스탄은 이란계 민족이며 그 언어도 페르시아어 계열이다. 나머지 네 국가의 언어인 우즈베키스탄어, 카자흐어, 키르기스어, 투르크멘어는 투르크어 계열이다. 당연히 튀르키예어도 투르크어 계열이다.

한동안 우리는 한국어가 투르크어와 마찬가지로 알타이어족에 속한다고 배워왔다. 즉 투르크어, 몽골어, 만주퉁구스어, 한국어와 일본어까지 알타이어에 포괄되는 것으로 알고 있었다. 이후 언어학계의 '알타이어족의 존재 근거가 없다'라는 학설에 무게가 실리면서 한국어가 알타이어 계통이라는 주장은 불확실하며 그 기원 또한 확정적이지 않다는 게 보편적이다. 어떤 개별 언어가 특정한 어족으로 묶이려면 그 언어가 공통된 조상에서 갈라져 나왔다는 사실이 증명되어야 한다. 달리 말해 같은 어족으로 묶인 언어들 사이의 구조와 규칙도 중요하겠으나, 조상 계통으로부터 전수되는 공통어휘가 존재해야 한다. 즉 신체기관, 자연환경, 생업 분야에 대대로 전해지는 공통어휘 등 같은 어족으로 묶인 언어들 간의 근본적인 연관성이 '충분히' 존재해야 한다. 더욱이 그 어휘들은 차용어가 아니어야 한다. 차용어란 집단 간에 영향 관계를 맺으면서 상대의 어휘를 자신의 것으로 '빌려 쓴' 경우를 말한다. 알타이어족 언어들 사이에서 공통어휘로 알려진 것들은 신체기관 가운데 눈·뼈·피 등이고 자연환경으로는 물·돌·해 등 몇 가지가 있다고 알려졌는데, 언어학자들은 이런 정도만으로 동일한 어족이라 간주하기에는 충분치 않다고 판단한 것이다.

또한 투르크어와 몽골어가 공통의 조상어를 공유하고 있는지도 알타이어족 성립의 중요한 논점이었다. 이에 대해 기원전 10세기쯤 투르크어와 몽골어가 공통의 조상어에서 갈라졌다는 가설이 제기되었다. 이 주장을 뒷받침하는 공통어휘로 황금·사막·사자·꽃·해·권력자·하늘신 등이 제시되었으나, 이 부분이 충분히 입증된 것은 아니다. 투르크어와 몽골어에서 권력자 또는 최고 통치자는 '칸' 또는 '카간'이나 '간'이라 불렸으며, 하늘신은 '텡그리'라 불렸다. 칸·카간·간 등의 어원은 불분명하지만 드넓은 유라시아 초원 지역에서 권력자, 최고통치자, 황제를 지칭하는 용어다. 한국의 일부 언어학자는 음성학 관점에서 신라시대 군주의 호칭인 '마립간'을 칸·카간·간과 연관 짓고 '단군'을 텡그리와 연관 지어, 중앙유라시아와 한반도 사이의 의미 있는 연계성을 주장했다.

중앙유라시아에는 왕을 의미하는 '칸'과 영혼을 의미하는 '텡그리'를 합친 칸텡그리산이 있다. 해발 7000미터에 달하는 이 산의 정상은 카자흐스탄, 키르기스스탄, 중국의 국경을 아우르며 삼각뿔을 이루는 지점이다.

우즈베키스탄, 아제르바이잔, 튀르키예 등 투르크어 계열의 언어권에 사는 사람들은 놀라울 정도로 한국어를 쉽게 배운다고 한다. 그들의 모국어와 한국어의 어순이 같고 비슷한 어휘도 많다는 게 그 배경이다. 실제로 학자 중에도 한국어와 투르크어가 모두 알타이어족에 속하는 건 아니라 해도 서로 연관성이 높다고 주장하는 사람들이 있다.

지리적으로 알타이는 어느 지역을 말하는 것일까? 몽골의 서쪽 국경과 카자흐스탄의 동쪽 국경은 약 50킬로미터 거리를 두고 있는데, 그곳은 바로 러시아와 중국의 서부 국경선이다. 그러니까 카자흐스탄과 몽골이 육로로 왕래하려면 반드시 러시아나 중국 땅을 거칠 수밖에 없는데, 바로 이 지역 언저리에 알타이 산맥이 있다. 러시아 서시베리아 남쪽에는 중국·몽골·카자흐스탄과 접하고 있는 알타이 공화국이 있고, 그 서북쪽에는 알타이족의 영토라는 의미를 지닌 알타이 지방이 있다. 그리고 카자흐스탄, 몽골, 러시아, 중국에는 '알타이'라는 이름을 붙인 기관 시설이 있다. 카자흐스탄의 알타이 구역, 몽골의 알타이 국립공원, 러시아의 알타이 국립자연생태보호구역, 중국의 아러타이阿勒泰 지구 또는 아얼타이阿爾泰 산맥 등이다.

한편 유라시아 초원 일대에서 알타이는 황금과 관련된 용어로 쓰였다. 12세기 초 만주의 여진족이 세운 금나라에서는 황제를 '알탄 칸(황금 황제)'이라고 했다. 13세기, 즉 칭기즈칸 시대 이후 서몽골과 동몽골의 다른 부족들 사이에서 '알탄 칸'은 최고 통치자를 지칭하기도 했다. 그리고 칭기즈칸 일족의 혈통을 이어받은 '알탄 우룩'은 제국 각 지역에서 칸의 자격을 갖춘 '황금 씨족'으로 추앙되었다.

일부 언어학자들은 한국어, 일본어, 투르크어, 몽골어, 만주통구스어 등이 알타이 유목민의 땅에서 기원한 게 아니라 만주 등지의 농경 지역에서 기원했다고 주장하면서 이 언어들을 '트랜스 유라시아어'로 묶어 분류하고자 했다. 그러나 아직 공식화된 상태가 아닌 주장 단계이므로 이전의 알타이어 분류에서 크게 벗어나지는 않는다. 알타이어든 트랜스 유라시아어든 이 언어들 사이의 유사성에 대한 연구는 계속 이루어지고 있다.

페르시아어 집단과 투르크어 집단

고대에 페르시아(이란)어를 사용하는 집단이 다섯 스탄 지역으로 유입됐다. 그중 기원전 8세기 이후 스탄 지역으로 흘러든 스키타이인(과거 중국에서는 '색족'이라 했다)은 주로 흑해와 카스피해 북쪽의 초원지대에서 유목 생활을 했다. 이 지역은 현재 유럽 영역으로 구분되어 있지만 스키타이인은 동서로 길게 뻗어 있는 유라시아의 초원지대를 옮겨 다녔기 때문에 유라시아 전체가 그들

의 활동 무대였다. 다섯 스탄 지역의 이란계 종족으로는 스키타
이족·호라즘족·소그디아족이 꼽히고, 킴메르족·마사게타이족
등도 유라시아의 이란계 종족들이다. 이들이 사용하는 페르시아
어는 유럽의 언어와 뿌리가 같으며, 인도어도 인도유럽어족에 속
한다.

다섯 스탄의 남쪽에는 정주 생활이 가능한 자연조건이 갖춰져
있었다. 스키타인인은 강과 오아시스 주변에 정착하여 농경 생활
을 하는 동시에 가축을 쳤다. 말하자면 이 지대는 농경·유목 혼
합지역이라 할 수 있다. 그 주요 근거지가 바로 아무다리야강과
시르다리야강 유역으로, 페르시아어로 '다리야'란 호수 또는 바
다를 뜻한다. 두 강은 동남쪽 상류에서 출발하여 나란히 북서 방
향으로 흐른다. 서쪽(유럽)에서 항할 때는 먼저 아무다리야강이
나타나고, 강 건너 동북쪽으로 올라가면 시르다리야강이 나타난
다. 그래서 옛 유럽인에게는 아무다리야강이 더 많이 알려져 있
었으며, 그들은 나일강에서 아무다리야강까지를 '중동'이라 여겼
다. 즉 유럽인이 볼 때 아무다리야강은 (아시아에서 제외된) 중동
과 아시아의 경계인 셈이다.

두 강의 '사이'에 해당하는 지역은 역사에 자주 등장하는 매우
중요한 곳이다. 일찌감치 페르시아계 고대 왕조들이 이 지역을 차
지했고, 그런 까닭에 페르시아어권 집단의 중심지가 되었다. 기원

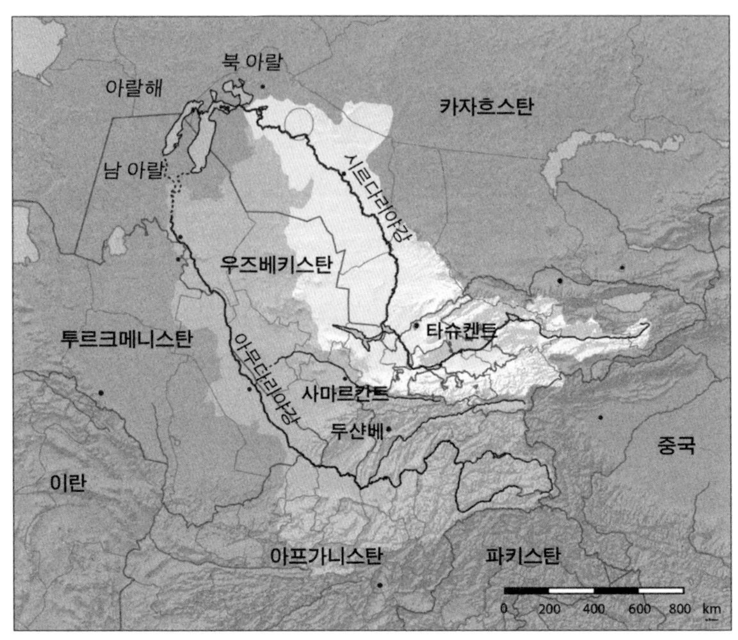

아무다리야강과 시르다리야강

전 3세기 그리스(마케도니아)의 알렉산드로스가 서방 원정길에 이 지역을 정복하고 난 뒤 곧바로 헬레니즘 제국이 들어섰다. 과거에 아무다리야강은 그리스어로 옥소스Ὦξος(ôxos)강이라 하고, 라틴어로는 옥수스Oxus강이라 했다. 그리고 강 건너편 땅, 즉 시르다리야강에 이르기까지의 지역을 트란스옥시아나Transoxiana라고 했다.

6~7세기 무렵 페르시아어 계통의 언어가 주류였던 다섯 스탄

지역에 투르크어를 사용하는 집단이 들어오기 시작했다. 투르크어를 사용하는 돌궐은 선비의 북위 그리고 그 북쪽의 유연을 없애고 유라시아 초원 지역을 장악했다. 6세기 이후 돌궐은 수나라와 부딪히며 동서 지역으로 갈라졌다. 이후 서돌궐은 계속 서진했고 당나라의 압박으로 남진하여 사마르칸트 지역까지 내려갔다. 그러니까 투르크어 사용자들은 다섯 스탄의 동쪽과 북쪽 방향에서 들어온 것으로 추정된다.

돌궐突厥은 투르크어 '괵 투르크'를 음차한 한자로, 신성한 투르크라는 뜻이다. 돌궐족은 고유 문자를 가지고 있었으며, 초원 지역의 유적 가운데 석비石碑에 그들의 문자가 새겨져 있다. 참고로 현대 중국어로 튀르키예는 '투얼치土耳其'라 하고, 투르크메니스탄은 '투쿠만스탄土庫曼斯坦', 투르키스탄은 '투얼치스탄土耳其斯坦'이라 발음하는데, 이때의 '투'의 글자는 '돌突'이 아닌 '토土'다.

돌궐족은 몽골로이드와 코카소이드 등 여러 종족이 혼합된 집단이며, 여러 지역을 이동하며 생활했기 때문에 이 종족의 특성을 한마디로 뚜렷하게 정의하기 어렵다.

흉노는 한나라와 쟁패하다가 서쪽으로 이동하며 게르만족을 밀어내고 연쇄적으로 로마 제국의 흥망에까지 영향을 미치게 되었고, 돌궐도 서쪽으로 이동하며 중앙아시아뿐만 아니라 셀주크, 오스만 제국 건설의 주역이 되어 유럽까지 광대한 영토를 점령하기에 이르렀으니, 동서로 길게 뻗쳐 있는 유라시아 대륙의 초원 지역이 모두 유목민족의 활동 반경이었다고 할 수 있다. 이러한 과정에서 일찌감치 유라시아 초원까지 진출한 이란계 종족과의 혼종은 매우 자연스러운 현상이었다.

주로 페르시아(이란)어 계열 언어를 사용하는 종족이 점유하고 있던 다섯 스탄 지역에 6세기와 7세기 돌궐이 대거 밀려들면서 대대적인 '투르크화'가 전개됐다. 기존 페르시아어를 사용하던 집단이 떠나거나 투르크어를 받아들이게 된 것으로, 이민족의 새로운 언어와 더불어 생활방식과 풍습까지도 변화하게 되었다. 그러나 다섯 스탄 남부의 아무다리야-시르다리야강 유역에 정착한 거주자들은 여전히 페르시아(이란)어 계열의 언어를 사용했다.

다섯 스탄 지역이 투르크화, 이슬람화된 이후에도 정착민 지역에서는 페르시아(이란)계 왕조(사만)가 재차 발흥해 오랫동안 통치했다. 그러다가 11세기 초에 다시 투르크계 왕조(카라한)가 페르시아계 왕조를 대체하여 정착민 집단을 지배하게 되면서 투르크-이슬람 문화가 주류를 이루었다. 또한 많은 투르크어 집단이 이곳으로 이주해왔다. 다섯 스탄의 정착 지역 또는 정착·유목 혼합 지역은 마침내 투르크어 지역으로 자리를 굳히는 듯했다. 그러나 결과적으로 정착 지역 또는 정착·유목 혼합 지역은 페르시아(이란)어와 투르크어 공용 지역으로 고착되었다.

이란 케르만샤주 베히스툰산의 절벽에 새겨진 다국어 비문. 고대 페르시아어, 엘람어, 아카드어 3개 언어로 기록되었으며 쐐기문자 해독에 큰 기여를 했다.

이란 종족과 이란어 집단

우선 '이란'과 '페르시아'라는 용어를 이해할 필요가 있다. '이란'은 유라시아 대륙 곳곳에 흩어져 살던 아리안aryan 종족에 기원을 두고 있다. 그리고 이들 가운데 지금의 이란 땅 남부에 자리 잡아 번창한 제국이 바로 페르시아다.

한편 박트리아어, 소그디아어 등 지역별로 분화된 이란계 언어들은 통칭 '페르시아어'라고 불렸다. 시대별로는 기원전 무렵의 고대 페르시아어, 기원전과 기원후 무렵의 중세 페르시아어, 현대의 페르시아어로 구분된다. 기원전 아케메네스 왕조 무렵의 고대 페르시아어는 고대 유적에서 출토된 비문이나 점토판에서 확인된다. 중세 페르시아어는 고대 언어를 변형한 것이고, 현대 페르시아어는 아랍 문자를 차용 변형한 것이다.

7세기 중반부터 이슬람 왕조가 강대한 세력을 형성하자 이후 아랍 문자가 페르시아어에 영향을 끼치게 되었다. 아랍 이슬람 세력은 페르시아 지역을 포함해 유라시아 땅을 점령하다가 8세기 초에 아무다리야-시르다리야강 유역을 장악했다. 아랍인은 아무다리야강을 '자이훈' 또는 '지훈'이라 불렀고, 시르다리야강을 '사이훈'이라 불렀으며, 아무다리야강 건너편인 트란스옥시아나 지역을 '마 와라 안 나흐르(그 강 너머의 무엇)'라고 불렀다. 8세기 중반 이슬람의 주도 세력으로는 아랍인을 비롯해 투르크인과 페르시아(이란)인이 섞여 있었으며, 이들이 페르시아와 다섯 스탄 지역을 포함한 거대 제국을 통치했다. 이후로 다섯 스탄 지역은 오랫동안 이슬람 제국의 영향권 아래 있었다.

아랍 이슬람 왕조가 페르시아어 집단의 영토를 통치하게 되자, 페르시아어는 아랍 문자를 받아들이고 페르시아 발음을 섞어 변형한 '페르시아 아랍 문자'를 사용하기 시작했다. 오늘날 쓰이는 페르시아어가 바로 이때 만들어진 것이다. 이후 페르시아어와 아랍어는 서로 차용하는 어휘가 늘어나면서 광범위한 영역에서 유사해졌다.

현재 다섯 스탄 지역에서 쓰이는 페르시아어 계열의 타지크어는 어휘, 철자, 억양의 차이가 있긴 하지만 이란이나 아프가니스탄에서도 소통이 가능하다. 반면 타지키스탄 국내에서 타지크어가 소통 불가능한 곳도 있다. 동쪽의 파미르 고원 등 고립된 지방에서는 독자적으로 고유의 언어를 사용하고 있기 때문이다. 타지크어 중에는 러시아어 영향을 받은 어휘가 많은데, 이는 타지키스탄이 한동안 제정러시아와 소련의 지배를 받은 탓이다.

학계에서는 타지크어를 비롯한 페르시아(이란)어가 유럽어와 같은 계통이라는 데 이견이 없다. 페르시아어와 유럽어는 아빠, 엄마, 형제, 자매 등 가족관계 어휘부터 시작하여 비슷한 용어가 많다. 우리가 일상생활에서 자주 사용하는 파자마, 키오스크, 브론즈 같은 용어의 기원은 유럽어가 아닌 페르시아어다.

소련으로부터 독립한 이후 타지키스탄 대통령은 타지크어를 국어로 정하고 국민에게 적극적인 사용을 권유했다. 그러나 독립 이후 타지크어를 비롯한 다섯 스탄 국가의 '국내 표준어'는 정권 세력, 즉 어느 부족 또는 지방 출신이 권력을 쥐었느냐에 따라 수시로 바뀌었다. 전통적으로 정치가 부족과 씨족 세력에게 휘둘려온 탓이다.

서부 투르크어: 튀르키예, 아제르바이잔, 투르크메니스탄

돌궐족이 동쪽에서 대거 유입됐다는 설을 증명이라도 하듯 오늘날의 투르크어에는 비슷비슷한 여러 종류의 언어가 존재한다. 동쪽에서 가장 멀리 진출한 지역에는 튀르키예, 아제르바이잔, 투르크메니스탄의 언어가 서로 유사성을 지니는데, 세 나라의 언어가 서부 투르크어(오구즈어 계열)다. 여기서 동쪽을 돌아보면 킵차크어 계열에 속하는 카자흐어와 키르기스어가 유사하다. 우즈베키스탄어는 차가타이어 계열(카를루크어 계열)로, 중국 신장웨이우얼 지역에 거주하는 사람들이 사용하는 웨이우얼어와 유사하다.

지도에서 신장웨이우얼의 위치를 확인해보면 우즈베키스탄보다는 카자흐스탄과 훨씬 가깝다. 그러니 웨이우얼어는 카자흐어와 더 유사해야 마땅하지 않을까 싶다. 물론 카자흐스탄에서 가까운 신장웨이우얼의 일리 계곡 지역에는 카자흐 종족이 많이 거주하고 있다.

나중에 다시 언급하겠지만 대체로 신장웨이우얼의 중심지라 하면 톈산 산맥 북쪽에 있는 우루무치(자치구 수도)만 떠올리는 경향이 있는데, 그렇지 않다. 웨이우얼인의 종족, 언어, 문화는 이

다섯 스탄국과 신장 및 중국

동 경로의 변천과 역사 그리고 주변 종족과의 관계에 따라 변화
돼왔다. 현재 웨이우얼인이 사용하는 언어가 우즈베키스탄과 같
은 차가타이어 계열이라는 게 그중 한 사례다. 우즈베키스탄은 톈
산 산맥 남쪽 타림분지 서쪽 끝에 위치한 카슈가르와 역사적 연
결성이 있다. 우즈베키스탄과 신장 지역은 칭기즈칸의 둘째아들
'차가타이'가 관할했던 칸국이었으며, 그래서 과거에는 현재의 신
장 지역을 '동부 차가타이'라고 부른 것이다.

러시아 땅에도 지역에 따라 투르크 계열의 언어를 쓰는 사람
들이 있다. 서쪽으로 향한 돌궐족과는 달리 이들은 어떤 연유에

서인지 동북쪽으로 이동하여 드넓은 시베리아 북부에 자리를 잡았고, 지금의 러시아 연방 사하 공화국(야쿠티야)을 이루고 있다. 카스피해 북쪽에 자리하고 있는 러시아 연방 추바시야 공화국 사람들은 투르크어 계열의 불가르 투르크어를 사용하고 있다.

2009년 튀르키예의 주도 아래 투르크어 사용 국가 간 협력회의인 투르크국가기구Organization of Turkic States(OTS)가 창설되었고, 헝가리가 옵서버로 참여하고 있다. 최근 2023년에는 투르크 국가들 간 경제 협력을 위한 금융기구인 '투르크어 투자기금Turkic Investment Fund(TIF)도 설립되었다.

시대와 정세에 따라 분열된 언어사용 집단

예로부터 다섯 스탄 지역에는 숱한 제국이 탄생하고 소멸했다. 아케메네스를 비롯한 페르시아 제국, 알렉산드로스와 헬레니즘 제국, 압바스(아바스) 등 아랍 제국, 몽골 제국, 티무르 제국, 셀주크를 비롯한 투르크 제국, 러시아 제국……. 이러한 지배와 독립이 반복되는 과정에서 그들의 언어인 페르시아어와 투르크어가 공유되는 상황이 전개됐다. 페르시아어는 주로 행정과 경제 분야에서, 투르크어는 주로 군사 분야에서 많이 쓰였다. 몽골어는 양상이 좀 다르다. 오랜 세월에 걸쳐 칭기즈칸과 그 후손이 드넓은 유라시아 대륙을 지배했음에도 불구하고 그 영토에서 몽골어는 대중의 언어로 뿌리내리지 못했다.

다섯 스탄에는 지금도 페르시아어 계열 언어와 투르크어 계열 언어를 함께 사용하는 지역이 많다. 가장 대표적인 곳은 다섯 스탄의 중요한 정주 지역인 아무다리야강 너머(트란스옥시아나)에 있는 사마르칸트와 부하라다. 두 곳은 고대로부터 예외 없이 모든 제국이 다스리던 지역으로, 대체로 페르시아어 계열 언어와 페르시아어의 영향을 상당히 받은 투르크어가 공존하는 국제적인 도시라 할 수 있다.

1922년 소비에트 연방이 탄생할 무렵, 구성 공화국 간 경계선을 획정하면서 사마르칸트와 부하라는 우즈베키스탄의 영토로 정해졌다. 두 지역에서는 물론 우즈베키스탄의 투르크어가 사용되기도 했지만, 언어집단이 분포와 역사를 감안할 때 페르시아어권에 속하는 타지크인의 영토로 포함시키는 쪽이 순리에 맞다. 그러나 각 공화국 간 경계선을 획정할 때 언어집단이나 민족적 동질성은 고려되지 않았는데, 여기에는 구성원들의 민족의식을 약화시키려는 소련의 의도가 개입돼 있다. 그래서 페르시아어권 집단이 우즈베키스탄 영토의 사마르칸트와 부하라 등지에 살거나, 반대로 우즈베키스탄어권 집단이 카자흐 남부나 타지크 북부, 키르기즈 서남부에 흩어져 거주하는 등 언어집단과 그 나라의 '국민'이 부합되지 않는 현상이 발생했다.

소비에트 공화국 시절에 정해진 다섯 스탄의 경계선은 소련 해체 후에 그대로 국경으로 고착되었다. 지도를 보면 이 국경선이 얼마나 복잡하게 이루어져 있는지를 알 수 있다. 특히 우즈베키스탄, 키르기스스탄, 타지키스탄의 접경 지역은 마치 휘몰아치는 '삼태극'의 모양새를 이루고 있다. 이에 따라 본국에서 떨어져 다른 나라의 영토에 둘러싸여 고립된 형태의 월경지越境地, Exclave가 곳곳에 존재한다. 이곳에 가려면 타국 땅을 거쳐야 한다는 말인데, 이를 반대로 생각하면 자국 영토 안에 타국 땅이 박혀 있는 위요지圍繞地, Enclave이기도 하다.

소련은 애초 다섯 스탄 지역의 경계선을 가로지르는 도로나 철도 등 사회기반 시설을 건설했다. 당시에는 모두 소비에트 연방국이니 문제 될 일이 없었으나, 다섯 스탄의 갑작스러운 독립 이후에는 정치적 상황에 따라 다섯 신생 공화국 간 국경을 넘나드는 도로와 철도가 차단되는 등 골치 아픈 일이 발생하게 되었다.

문자를 세 번 바꿔야 했던 다섯 스탄

이제 문자에 대해 살펴보자. 앞서 말했듯이 한국어와 한글을 사용하는 한국인에게는 언어와 문자가 동일한 개념이다. 투르크어와 페르시아어권 역시 초기에는 고유의 문자를 가지고 있었으나 역사적 변화 속에서 다섯 스탄 국가에서는 아랍 문자, 라틴 문

음영으로 처리된 부분이 우즈베키스탄, 키르기스스탄, 타지키스탄의 국경선이다.

자, 키릴 문자를 받아들였다.

중세 이후 아랍 제국이 번성하자 페르시아어와 투르크어 계열 언어는 각기 아랍 문자를 받아들였다. 다만 아랍어는 자신들이 사용하는 언어와 발음이 다르기 때문에 이를 보완 조정해 만든 아랍 문자 체계를 사용했으며, 훗날 러시아 제국이 다섯 스탄을 점령하고 소련이 출범할 때까지 줄곧 사용되었다.

소련 시대로 접어들어 1920년대 후반에 이르자 다섯 스탄의 문자는 아랍 문자에서 라틴 문자로 바뀌었다. 당시 주변 정세를 보면, 투르크어를 사용하는 오스만투르크 제국이 제1차 세계대전에서 패망함에 따라 유럽·아프리카·아시아 등지의 영토를 잃었으며, 아나톨리아 반도를 사수하고 끝까지 저항하면서 오늘날의 튀르키예 공화국으로 남았다. 튀르키예인은 과거에 사용하던 아랍 문자를 라틴 문자 체계로 바꿔 표기하기로 함으로써 차별화된 입헌 공화국으로 거듭나고자 했다.

소련은 소비에트 연방에 새롭게 포함되는 다섯 스탄 공화국 인민들의 문맹률을 조사하여 사용할 문자를 결정했다. 조사의 신뢰도나 객관성은 의심스러웠지만 어쨌든 조사결과는 높은 문맹률을 나타냈다. 각각 타지크어, 우즈베키스탄어, 카자흐어, 키르기스어, 투르크멘어를 사용하는 소비에트 연방의 새로운 인민들을 교육하려면 문자를 쓰는 데 불편을 겪어선 안 된다는 구실 아래 소련은 아랍 문자를 버리고 라틴 문자를 사용하도록 했다. 이것은 아랍 이슬람 세력의 영향으로부터 이들 공화국 인민을 떼어놓으려는 의도였다. 이 과정에서 다섯 국가 중 4개국이 투르크어 계열을 사용하고 1개국만 페르시아어 계열의 타지크어를 사용했기 때문에 타지크어 발음 표기를 위한 라틴 문자 연구는 상대적으로 소홀히 진행되었다.

소련이 다섯 스탄의 문자로 변경한 라틴 문자는 오래 유지되지 못했다. 1940년대에 이르러 소련은 다시 다섯 스탄의 표기 문자를 키릴 문자로 바꿨고 인민들은 혼란에 빠졌다. 이 역시 정치적 목적에 의한 변경으로, 무엇보다 투르크어 계열인 우즈베키스탄, 카자흐, 키르기즈, 투르크메니스탄이 투르크 민족주의를 제창하는 신생 터키 공화국의 영향을 받게 될 것을 우려했다. 마침 터키 공화국이 자국의 문자 표기방식을 아랍 문자에서 라틴 문자로 바꾼 참이었기에 더욱 위험했다. 그리고 다섯 스탄의 인민들, 특히 미래세대는 소비에트 연방의 인민으로서 당연히 러시아어를 배워야 하고, 그러려면 키릴 문자를 배울 수밖에 없다는 게 두 번째 명분이었다. 이들은 자기 민족의 페르시아어나 투르크어 표기법인 라틴 문자도 따로 배워야 하기 때문에 키릴 문자로 통일하면 편리하다는 것이다. 세 번째 이유는 다섯 스탄의 언어 음가를 표기하기에는 키릴 문자가 더 우수하다는 것이고, 네 번째 이유는 키릴 문자를 사용하면 다섯 스탄이 러시아 공화국을 비롯한 다른 연방 구성 공화국과 더 긴밀한 관계를 형성할 수 있다는 것이다.

이후 소련으로부터 독립한 다섯 스탄 국가는 이제 키릴 문자를 버리고 다시 라틴 문자를 채택했거나 바꾸고 있다. 소련 이전 오랫동안 아랍 문자를 사용한 이력도 있고 이슬람 신도가 많으니 아랍 문자를 채택하자는 여론도 있지만 정치권은 이를 꺼리는 입장이다. 어떤 식으로든 이슬람 세력의 원리주의, 분리주의가 영향을 끼치는 것을 바라지 않기 때문이다.

다섯 스탄 국가의 언어에 사용되는 어휘를 보면 차용된 외래어가 많다. 우선 자동차, 기차, 비행기, 공항 등 근현대의 신문물을 표현한 어휘는 대개 러시아어인데, 이는 러시아(소련) 문명으로부터 많은 영향을 받았음을 말해준다. 지식, 교사, 학습, 정신 등 학문 및 종교 관련 어휘는 아랍어가 많은 편이다. 페르시아어에서 투르크어로 차용된 어휘는 역법 용어를 비롯한 생활 관련 용어가 많다. 기본적으로 신체기관, 자연환경, 생업과 도구 관련 용어는 투르크어 고유의 어휘가 대부분이다. 그 밖에 몽골어를 차용한 어휘도 있다.

러시아어와 민족어의 관계

'국어National Language, State Language'와 '공용어Official Language'의 차이는 무엇일까? 국어란 당연히 그 나라 사람들이 쓰는 고유어 또는 민족어를 말하고, 공용어는 그 나라에서 통용되는 다른 언어를 지칭한다. 한국이나 일본은 하나의 국어를 규정하고 있으며 이런 경우 국어가 공용어다. 그러나 두 개 이상의 언어를 국어로 규정한 나라도 있고, 국어는 없이 공용어만 규정한 나라도 있고, 두 개 이상의 공용어를 규정한 나라도 있다. 이쯤 되면 국어와 공용어의 차이가 애매하다. 하지만 국어는 '하나의 나라에서만 사용되고', 공용어는 '여러 나라에서 사용될 수 있다'고 이해하면 구분이 아주 쉬워진다.

소련은 연방 출범 초기에는 각 구성 공화국, 자치공화국, 민족의 언어를 존중하는 태도를 보였으나 얼마 지나지 않아 러시아어를 공용어로 하고 각각의 민족어를 배제하기 시작했다. 19세기 중반부터 러시아 여러 지역으로 넘어가 고려인 공동체를 형성한 한국인들은 한국어가 민족어로 인정되지 않아 러시아어를 배워야 했고, 그들의 후손은 대부분 '조상의 언어'를 잃어버린 채 살았다. 학교에서는 의무교육으로 러시아어를 가르쳤으며, 특히 고등교육이나 새로운 과학기술 분야는 모두 러시아어로 진행되었다. 다섯 스탄에서도 고등교육을 받고 출세하려면 러시아어에 능통해야 했다.

발트해 연안의 세 공화국 에스토니아, 라트비아, 리투아니아는 18세기 이후 러시아의 지배를 받았다가 1918년 독립을 이뤘으나 제2차 세계대전 당시 다시 소련에 합병되었다. 그리고 1991년 비로소 진정한 독립을 쟁취했으나, 오랫동안 러시아어를 사용해온 까닭에 자국어 외에 러시아를 공용어로 채택하고 있다.

소련 해체 직전, 다섯 스탄에서도 민족주의가 발흥하여 각국의 민족어를 러시아어와 함께 제2 공용어로 삼자는 운동이 일어났다. 소련 해체 이후 다섯 스탄이 각각 공화국으로 독립하자 자기들의 민족어를 국어 또는 공용어로 선포했다. 동시에 러시아어에 대한 규정은 없어지거나 국민 간(또는 타민족 간) '의사소통 언어lingua franca'의 지위로 격하되었다.

그러나 실질적으로는 러시아어의 지위가 슬금슬금 올라갔다. 여기에는 현실적인 이유가 컸다. 어쨌거나 수십 년간 러시아어로 축적된 고등교육, 학술 용어, 과학기술 용어 등을 하루아침에 바꿀 순 없기 때문이다. 더욱이 천연자원이 없는 키르기스스탄이나 타지키스탄에서는 경제적으로 러시아에 가서 일하는 근로자가 본국으로 송금하는 비중을 무시할 수 없었는데, 그런 경제인구를 고려할 때 러시아어 교육을 금지하기 어려웠다.

다섯 스탄이 독립한 직후 정치권은 다양한 입장을 드러냈다. 우선 민족주의의 흐름 속에서 소비에트의 러시아어보다는 민족어가 중심이 되어야 한다는 주장이 강했다. 그런가 하면 신생 독립국가의 경쟁력을 제고하기 위해 영어 교육을 강화해야 한다는 주장이 제기되었고, 현실을 고려할 때 러시아어를 배제할 수 없다는 목소리도 있었다. 다섯 스탄 국민이 러시아어를 친숙하게 여긴다는 것은 그들을 자국의 영향권 아래 있기를 바라는 러시아로서는 반가운 일이다. 현실적으로도 수십 년 동안 연방을 유지해온 문화와 체제가 단번에 제거되기는 어려운 것으로, 여전히 러시아 방송이나 인터넷을 이용하는 사람들이 적지 않았다.

러시아는 다섯 스탄 지역에서 러시아어 교육문화기관인 루스키 미르, 러시아 학술문화센터를 운영함으로써 기존의 영향력을 유지하고자 했다. 이들 기관은 한국의 세종학당과 한국문화원,

영국의 브리티시 카운슬, 프랑스의 알리앙스 프랑세즈, 독일의 괴테 인스티튜트, 중국의 공자학원과 같은 개념이다. 루스키 미르 Русский мир란 '러시아(어)의 세상'이라는 뜻으로, '미르'는 인류 최초로 소련이 우주에 만든 정거장 이름이기도 하다.

현재 다섯 스탄에서 러시아어의 위상은 소비에트 연방 시절에 비해 매우 낮아졌다. 소비에트 연방 시절 젊은 세대가 러시아어를 모국어 수준으로 구사했다면 지금 신세대에게는 여러 외국어 중 하나일 뿐이다.

4.
러시아가 스탄 국가를 지배하기까지

'타타르의 멍에' 이후: 준가르 제국 시대

13세기 몽골의 침략으로 약 2세기 동안 킵차크 칸국에 종속되어 있던 러시아아인은 모스크바 공국을 중심으로 세력을 키워나갔으며, 칸의 제국에 반기를 들기 시작했다. 러시아인에게 몽골의 침략은 충격과 공포 그 자체였으며, 훗날 이 점령 시기를 '타타르의 멍에'라 표현했다. 원래 타타르는 몽골 동남쪽 초원에 거주하는 부족이지만 러시아인에게는 몽골족 전체를 지칭하는 상징적 표현이 되었다. 그리고 지금은 그 의미가 더욱 넓어져서 몽골계, 투르크계 그리고 투르크어를 사용하는 무슬림 몽골인, 또 캅카스(코카서스) 산맥의 남북 산자락에 사는 이민족 전부를 뭉뚱그린 용어가 되었다. 현대 러시아 연방에서는 볼가강 유역 타타르스탄

공화국, 추바시 공화국, 우드무르트 공화국 등에서 사용되는 언어를 타타르어라고 한다.

러시아는 자국의 지리적 입지가 외부 침략에 취약하다는 판단 아래 최대한 영토를 확장하는 전략을 유지해왔다. 영토가 넓을수록 외부 세력이 침범했을 때 완충지대를 형성하고 방어할 시간과 공간을 확보하기 유리하기 때문이다. 16세기 무렵 모스크바를 구심점으로 유라시아 대륙으로 진출할 기회를 엿보던 모스크바 공국은 남쪽으로 눈을 돌려 '칸'이 다스리는 볼가강 주변 지역을 노렸다. 나아가 볼가강에서 동남쪽으로 우랄산맥이 끝나는 지역(지금의 카자흐스탄 영토)까지 진출하곤 했다.

러시아는 우선 남쪽으로 칭기즈칸 장남의 영향권, 즉 킵차크 칸국의 지배에서 벗어나 분화된 몇몇 칸국을 정복했다. 대표적으로 카스피해 북쪽 볼가강 상류의 카잔 칸국, 볼가강 하류의 아스트라한 칸국이다. 참고로 여기서 말하는 칭기즈칸의 장남은 칭기즈칸의 친자가 아니다. 칭기즈칸의 아내가 인질로 잡혀갔을 때 다른 남자에 의해 임신하여 태어난 존재다.

앞서 말했듯이 러시아는 때때로 카자흐 유목민 부족이 거주하는 지금의 카자흐스탄 북쪽 영토까지 진출하기도 했다. 이곳에는 서몽골 사람들이 세운 준가르라는 부족 연맹이 있었으며 17~18세기 무렵에는 청나라도 함부로 건드리지 못할 만큼 강성했다. 러시아가 이런 준가르를 상대하지 않고 카스피해 동쪽을 공략하는 길은 다섯 스탄의 외곽을 에돌아 험난한 사막 지역을 통과하는 것밖에 없었다. 이 사막 지역이 바로 키질쿰 사막으로, 군수 물자를 싣고 사막을 건너는 것은 준가르와 싸우는 것보다 무모한 도전이었다.

러시아는 훗날 청나라와 연합하여 준가르를 제거한 뒤 지금의 카자흐스탄 북부 지역부터 단계적으로 공략하기 시작했고, 그 결과 18세기 중반이 되기 전에 카자흐 지역은 러시아 보호령으로 흡수되었다.

러시아의 동진: 모피와 태평양

16세기 말부터 러시아가 시베리아 탐험 또는 정벌에 돌입한 중요한 계기 중 하나는 추운 지역에 서식하는 동물을 포획하기 위해서였다. 당시 유럽의 부유층 사이에서는 담비를 비롯해 부드러운 털을 지닌 동물의 모피가 큰 인기였고, 이를 재정 축적의 기회로 삼은 러시아는 동쪽 지역으로 진출하여 동물을 잡아들이기 시작했다.

러시아가 선택한 동진 방식은 요새를 건설하는 것이었다. 동쪽으로 진격할 때마다 요새를 하나씩 건설하고, 이를 거점으로 삼아 주변으로 세력을 확장하는 식이다. 요새는 외부 세력이 공략

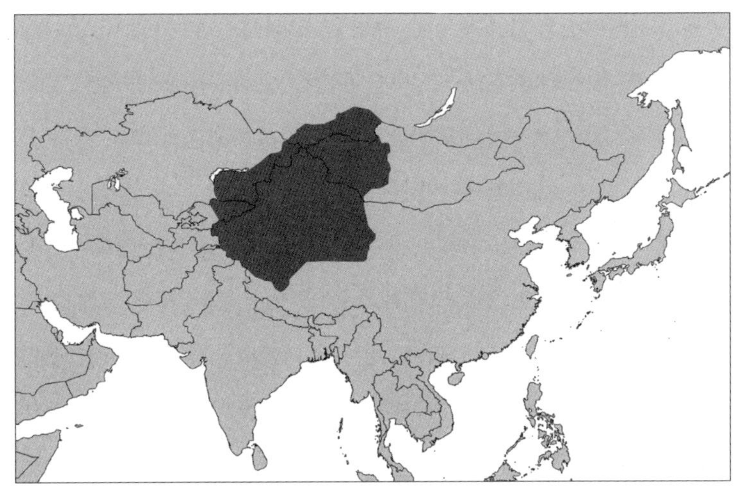

옛 준가르 제국의 영토는 대략 지금의 다섯 스탄 국가와 비슷하다.

하기에 까다로운 '성채'라 할 수 있는데, 세월이 흐르자 이 요새들
은 도시가 되었고 훗날 시베리아 횡단철도를 이어주는 간이역이
되었다.

동쪽 정벌을 이어가던 17세기 중반, 러시아는 마침내 태평양
해안에 도달했다. 긴 원정에 나섰던 하바로프의 부대는 헤이룽강
(러시아어로는 아무르강)과 우수리강이 만나는 지점에 요새를 건설
하고 이곳을 '하바롭스크'라 불렀다. 이렇듯 요새를 건설한 뒤 도
로를 연결하는 진출 방식은 러시아가 다섯 스탄을 정복할 때도
효율적으로 활용되었다.

유라시아 대륙의 동쪽으로 진출한 러시아는 바야흐로 청나라와 맞닥뜨리게 되었다. 청나라는 남진하는 러시아에 대적하기 위해 조선에 군사 지원을 요청했고, 이에 1652년(조선 효종, 청 순치제 시기)에 나선羅禪(러시아) 정벌이 전개되었다.

나선 정벌 이후 러시아는 섣부른 군사 행보를 자제하며 신중한 태도를 보였으며, 서로 견제하는 식으로 대치하던 러시아와 청나라 양국은 1689년 쌍방의 이익을 도모하는 네르친스크 조약을 맺었다. 이 자리에서 준가르를 제거하자는 암묵적 합의가 이루어졌고, 양국 간 국경이 확정되었다. 이로써 청나라는 헤이룽강 남쪽의 땅, 즉 동해안의 블라디보스토크를 포함한 연해주를 지킬 수 있게 되었으니 굴욕적인 조약은 아니었다.

이후 연해주를 호시탐탐 노리던 러시아는 19세기에 청나라가 아편전쟁을 치르는 등 서구 열강에 휘둘리는 틈을 이용해 베이징 조약을 체결함으로써 우수리강 동쪽의 연해주 전역을 차지했다. 연해주의 항구도시 하이션웨이海蔘威는 블라디보스토크라는 러시아 지명으로 바뀌었다. '보스토크Восток'는 동쪽을 뜻하고 '블라디'는 지배한다는 뜻이다. 이로써 중국은 동해안에서 태평양으로 나갈 수 있는 항구를 잃고 말았다. 반면 러시아는 유라시아 대륙의 동쪽 끝을 향해 나아가면서 캄차카 반도, 쿠릴 열도 그리고 바다 건너 알래스카까지 세력을 확장했다. 다만 19세기 후반에 알래스카를 미국에 매각했다.

제국주의 시대에 러시아·청나라·일본 간 팽팽한 패권 다툼은 국운이 기울어가는 한반도에서 절정에 이르렀다. 한반도는 미몽의 조정이 지휘하는 힘없고 가난한 먹잇감에 불과했다.

러시아의 남진: 영국과 충돌

러시아는 18세기 초반부터 코카서스(캅카스) 방면으로 남진하여 페르시아 지역을 점령하기 시작했다. 이에 따라 19세기 초반까지 그 지역의 맹주인 페르시아 민족과 거듭된 전쟁을 치렀으며, 또 다른 세력인 오스만투르크와도 수차례 격돌했다. 때로는 페르시아를 상대로 러시아와 오스만투르크가 공동 전선을 펼쳐 빼앗은 땅을 나누기도 했다.

당시는 민족 국가의 개념이 아직 필요치 않았거나 덜 성숙한 상태로, 다섯 스탄 지역에는 여러 부족이 부족 연합체 형태로 공생하고 있었다. 그 가운데 우즈베키스탄은 히바, 코칸트, 부하라 등 세 개의 칸국 또는 아미르Amir(또는 에미르Emir)국이 지배하고 있었다. '칸(카간)'과 '아미르'라는 용어의 기원은 명확하지 않지만, 전자는 유라시아 대륙에서는 최고지도자(왕)가 지배하는 나라를 뜻하며 후자는 칸은 없으나 군사적 영도자가 지배하는 땅을 뜻한다. 아미르국은 나라에 따라 에미리트 또는 토후국土侯國, 추장국(酋長國) 등의 용어로 번역되기도 한다.

러시아는 19세기 중반까지 다섯 스탄의 북쪽 지역인 카자흐스탄 대부분 지역을 장악했다. 당시 카자흐 일부 지역(지금의 알마티 인근)에는 청나라 사람들도 거주하고 있었기 때문에 러시아는 연해주에 이어 이곳에서도 청나라와 조우해야 했다. 카자흐족은 그동안 청나라에 이런저런 간섭을 받으면서 조공을 강요당하고 있었기 때문에 러시아가 밀고 들어오자 보호령을 자처했다는 시각도 있다.

러시아가 유라시아 대륙에서 영토를 넓히는 가운데 남쪽으로도 세력을 확장하자 영국이 이를 저지하고 나섰다. 러시아가 계속 남하한다면 영국의 중대한 이익 기반인 인도가 위협받을 수 있기 때문이다. 혹시라도 러시아가 인도로 밀고 내려와 해안을 장악한다면 불곰이 고래의 능력까지 겸비하게 되는 격이었다.

한편 흑해 연안 크림반도에서 오스만투르크와 러시아가 격돌하자, 영국과 프랑스가 연합하여 오스만투르크를 지지하고 나섰다. 이것이 유명한 크림전쟁이다. 크림전쟁에서 쓰라린 패배를 맛본 러시아는 다섯 스탄 지역을 공격하는 데 힘을 집중했다. 비교적 최근인 러시아-우크라이나 전쟁 전까지 한국인에게 크림반도는, 1945년 종전을 앞두고 연합국의 수뇌부가 모여 회담을 한 얄타가 있는 곳으로 기억되고 있다.

19세기 말까지 러시아는 다섯 스탄 지역 대부분을 점령했다. 앞서 얘기했듯이 당시 다섯 스탄 지역은 히바, 코칸트, 부하라 등의 칸국이나 아미르국 그리고 수많은 부족과 부족 연맹의 체제를 갖추고 있었다. 이후 러시아는 지금 우즈베키스탄의 수도인 타슈켄트에 총독부를 설치하고 투르키스탄(러시아어로는 투르케스탄)을 건립했다. '투르키스탄'이란 문자 그대로 투르크족의 나라를 뜻하며, 타슈켄트는 수도로서 정통성 있는 도시는 아니지만 사마르칸트, 부하라, 두샨베, 비슈케크, 알마티 등 여러 주요 도시의 중심부에 위치한 철도와 도로의 요충지였다. 이로써 투르키스탄 총독부인 타슈켄트는 러시아가 다섯 스탄을 점령하기 위한 교두보가 되었다.

러시아는 카스피해 연안에서 부하라, 사마르칸트, 타슈켄트 등으로 이어지는 카스피해 횡단철도를 서둘러 건설하기 시작했다. 이는 카스피해와 가까운 투르크멘 지역을 공략하기 위한 병참로로서, 이 철도는 이후에 북쪽 시베리아까지 연결되었다. 북쪽으로 연결되는 철도인 만큼 다섯 스탄 중에서 가장 북쪽에 있고 러시아와 붙어 있는 카자흐스탄에 많은 노선이 몰렸다.

19세기 말 다섯 스탄 지역에서 제정러시아에 끝까지 저항한 사람들은 투르크메니스탄 부족들이다. 당시에는 '투르크멘'이라는 민족 개념이 정립되어 있지 않은 탓에 용맹하기로 유명한 테케 부

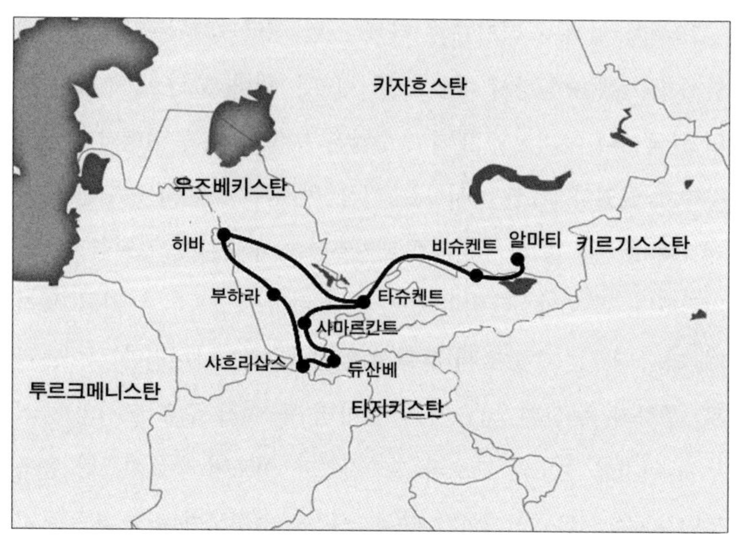

주요 도시들이 철도로 연결된 모습.

족을 비롯한 여러 부족의 이름을 내세워 러시아와 싸웠다. 이들은 사실 18세기 초에도 같은 지역에서 러시아를 상대로 이긴 전력이 있고, 그 이후로도 위기 때마다 러시아를 물리치거나 그들이 먼저 습격하기도 했다. 이 부족들은 서로 의사소통이 가능한 동일 민족이라 할 수 있지만 민족국가라는 인식이 공유되지 못한 탓에 단결력을 발휘하지 못한 채 러시아에게 잠식되었다. 20세기 초 소련이 연방 공화국을 건설할 때 비로소 투르크멘 부족들은 '투르크멘 공화국'이라는 명칭 아래 국가 형식을 취하게 되었다.

20세기를 코앞에 두고 러시아는 지금의 타지키스탄 동부 파미르 고원까지 진군하는 마지막 작전을 펼침으로써 다섯 스탄 점령을 마무리했다.

소련이 그은 작위적인 경계선

20세기 초 러일전쟁과 제1차 세계대전을 치르는 가운데 차르의 제정러시아는 명운이 스러져가고 있었다. 제정러시아의 학정과 패전, 학살과 기아의 고통에 짓눌려 있던 러시아 민중은 1917년 비로소 2월 혁명을 일으켜 임시정부를 세웠으나 사회 및 경제 문제가 해결되지 않은 채 혼란이 계속되었다. 임시정부에 대한 불만이 고조되자 같은 해 10월 임시정부 타도를 내건 공산주의 볼셰비키 세력이 민중의 지지를 얻어 무장봉기를 일으켰다. 이에 제정帝政 복원을 주장하는 백군과 볼셰비키 혁명 적군(붉은 군대) 간에 내전이 벌어졌고, 1922년 12월 30일 적군이 승리하면서 세계 최초의 공산주의 정권인 소비에트 연방이 탄생했다.

제1차 세계대전 이후 소비에트 10월 혁명 시기까지 수년 동안 다섯 스탄 지역에서는 페르가나 지역을 중심으로 곳곳에서 반 소비에트 저항운동이 전개됐다. 제1차 세계대전에 참전하라는 요구에 청년들이 반발하면서 시작된 이 운동은 점차 소비에트에 저항하는 이슬람 세력의 형태로 나아갔으며, 이 운동에 적군의 반대

세력인 백군이 합세하기도 했지만 대부분 지역에서 적군에게 진압 당했다. 결국 공산화되기 전 마지막 몸부림을 끝으로 소비에트 연방이 탄생했다.

소련은 다섯 스탄 지역에서 소비에트 사회주의 공화국, 자치공화국, 주 등으로 행정단위를 편성했다. 순차적으로 투르키스탄, 부하라, 호라즘, 우즈베키스탄, 타지크, 카자흐, 키르기스 등이 흡수통합의 과정을 거쳐 공화국으로 편성되었으며, 카스피해 동쪽은 투르크주와 트랜스카스피 지역을 통합한 투르크멘 공화국이 건설되었다.

이로써 1924년 다섯 스탄 사이에 매우 작위적인 국경선이 그어졌다. 이는 드넓은 지역에서 거대한 이슬람 국가가 재탄생하는 상황을 원치 않는 소련의 의도에 따른 것이다. 그러한 맥락에서 소련은 우즈베키스탄 민족의 영향력을 위축시키는 대신 카자흐스탄에 힘을 실어주는 방침을 펼쳤다. 우즈베키스탄의 도시들은 다섯 스탄 지역 가운데 가장 인구가 많아서 투르크 민족주의나 이슬람주의가 득세하는 순간 저항이 들불처럼 번질 수 있었기 때문이다. 이에 소련 시절 내내 다섯 스탄에서는 '투르키스탄(투르케스탄)'이라는 용어가 금지되었다.

공화국 간 경계를 정하는 작업은 소련공산당 조직 내 중앙아시아 부서의 영토위원회에서 진행된 것이다. 이렇듯 소련은 다섯 스탄 지역에 대해 '중앙아시아'라는 명칭을 사용했는데, 이는 이전까지 유럽에서 통용되던 중앙아시아의 개념을 대폭 축소한 것이다. 즉 소련이 말하는 중앙아시아는 그들이 지배하고 있는 다섯 스탄으로 국한되었고, 그에 따라 유럽에서는 이 지역을 '소비에트 중앙아시아'라고 칭했다.

러시아와 가장 가까운 카자흐

당시 카자흐스탄은 소련의 중앙아시아 개념에 포함되지 않았다. 카자흐는 다른 네 개의 공화국보다 러시아공화국 직할 영토에 가까웠으므로 중앙아시아에서 제외된 것이다. 특히 러시아에서 가장 인접한 카자흐 북부는 러시아가 스탄 지역을 점령할 때 가장 먼저 점거한 지역인 까닭에 상대적으로 많은 러시아계 슬라브인이 이곳에 들어와 있었다. 해방된 러시아 농노에게 땅을 제공하기 위해 카자흐 북부에 러시아인이 들어오게 되었다는 견해도 있다. 제정러시아는 농노를 해방시킬 수밖에 없는 상황이었으나 러시아 땅에는 농노들에게 내줄 농지가 없었다. 결국 19세기 후반 이래 제정러시아는 러시아인들을 카자흐 지역으로 대거 이주시켰다.

연방 건국 이후에도 카자흐 북부에서는 '새로운 농지 개간 운동'이 전개되어 지속적으로 러시아인이 유입되었다. 스탈린은 다섯 스탄의 투르크주의를 희석하기 위해 슬라브 민족 외에 다른 민족들도 카자흐스탄을 비롯한 스탄 지역으로 이주시켰다. 그중에는 연해주에 거주하던 고려인들도 포함되었다. 한때는 러시아계 인구가 카자흐 전체 인구의 절반에 육박하기도 했다.

러시아(소련)와 관련하여 카자흐스탄이 다른 네 개의 스탄과 차이를 보이는 이유가 여기에 있다. 소련이 해체된 후 소비에트 연방의 발트3국을 비롯한 다른 연방 공화국들이 앞다투어 독립을 선언할 때도 카자흐스탄은 가장 나중에 독립을 선언했다. 또한 연방 공화국에 거주하던 러시아계 주민은 소련 해체로 인해 러시아로 회귀했지만 카자흐스탄에서는 잔류한 주민이 비교적 많았으며, 러시아로 갔다가 다시 카자흐스탄으로 돌아온 사람도 적지 않다. 물론 이들이 카자흐스탄에 잔류하거나 다시 돌아온 이유가 단지 수 세대에 걸쳐 살아온 고향이기 때문만은 아니다. 마침 카자흐스탄에 매장된 석유 자원이 본격적으로 개발되기 시작하면서 카자흐스탄 경제가 고속 성장기에 접어들었다는 것도 귀향의 주요 동기였다.

카자흐스탄에 거주하는 이들 러시아계 국민은 대체로 카자흐어에 능숙하지 못한 편이다. 그래서 카자흐스탄 당국이 러시아어를 공용어로 정했다가 취소하는 등 정책을 바꿀 때마다 일상생활에 불편을 겪을 수밖에 없었다. 다섯 스탄에 거주하는 고려인들도 마찬가지로 이러한 불편을 피할 수 없었다. 이주한 고려인들은

거의 현지 민족어가 아닌 러시아어를 구사하기 때문에 스탄 당국
들이 민족어 우선 정책을 시행할 때마다 혼란을 겪어야 했다.

5.
소련의 해체와 다섯 스탄의 독립

공산당 서기장, 총서기, 서기, 제1서기의 위상

대개 사회주의 국가에서는 공산당이 권력을 독점한다. 중국의 경우 중앙이든 지방이든 공산당의 1인자가 권력 서열 1위가 된다. 그래서 중국은 '중국공산당 중앙위원회 정치국 총서기'라는 직책을 국가주석보다 우위에 둔다. 체제가 다른 나라 사람들이 보기에 국가주석이 가장 높은 지위일 것 같지만, 중국 국영방송에서 보도할 때 '중국공산당 중앙 총서기 겸 국가주석'이라 소개하는 것을 볼 수 있다. 예를 들어 "중국공산당 중앙 총서기 겸 국가주석 아무개가 월남(베트남) 공산당 중앙 총서기 겸 국가주석 아무개와 회담을 가졌다"라고 발표한다. 또한 마오쩌둥이 "공산당의 권력은 총구에서 나온다"라고 했듯이, 공산당이 국가의 모든 무력을 장악하기 때문에 공산당 총서기는 '공산당 중앙군사위원회 주석'이 된다. 공산당 중앙군사위원회는 예하 인민해방군을 포함한 모든 무력을 실질적으로 장악하고 있으니, 두말할 것 없이 중국공산당 총서기가 최고 권력자다.

중국의 지방에는 성시省市마다 성장省長 또는 시장市長이 있지만 공산당위원회 '서기'라는 직책이 따로 있고, 그가 바로 그 지역의 권력 서열 1위다. 이런 지위는 국유기업이나 학교 등에도 적용된다. 대학의 경우 교장(한국의 총장)보다 해당 대학의 공산당 서기가 최고의 권력자로서 조직을 지휘한다.

이렇듯 서기장, 비서장, 총서기, 서기 등이 최고 권력자가 되는 정치 지형은 공산국가의 비조鼻祖라 할 수 있는 러시아에서 탄생한 것이다. 즉 레닌 사후 스탈린이 권력을 잡으면서 공산당 서기장이 국가 최고 권력자가 되었다. 이러한 권력 형태는 마지막 서기장 고르바초프에 이를 때까지 유지되다가 정치 체제의 개혁과 함께 고르바초프가 소련 최초의 대통령이 되었다.

소련 시절 다섯 스탄 각 공화국의 정치 권력은 어떠했을까? 러시아공화국과 마찬가지로 각 공화국의 공산당 제1서기가 최고 서열이었다. 소련 중앙에서 다섯 스탄의 공산당 제1서기를 정할 때에는 가급적 해당 공화국의 '민족' 출신자로 선출하고 중앙당의 슬라브인 한 명에게 제2서기의 직책을 부여해 내려보냈는데, 실질적 권력자는 제2서기였다고 할 수 있다.

이후 소비에트연방 체제가 흔들리기 시작할 무렵 이러한 관례가 깨진 적이 있다. 고르바초프 서기장은 카자흐족 출신이 아닌 슬라브인을 카자흐 공화국의 제1서기로 임명하여 내려보낸 것이다. 이에 카자흐 인민들은 시위를 벌여 불만을 표출했고, 고르바초프는 다시 카자흐족 출신의 나자르바예프를 제1서기로 임명했다. 나자르바예프 제1서기는 카자흐스탄이 소련으로부터 독립한 뒤 초대 대통령이 되었다.

이렇듯 소련이 해체될 무렵 다섯 스탄 공화국 가운데 3, 4개국은 제1서기가 독립한 신생국가의 대통령을 맡았다. 갑작스럽게 연방이 해체되는 어수선한 시기였기 때문에 대체로 공산당의 기존 권력자가 신생 독립국의 초대 대통령으로 승계된 것이다. 예외적으로 키르기스스탄은 다른 출신성분, 즉 학자 출신을 대통령으로 삼았다.

독립 이후 다섯 스탄 국가는 한동안 혼돈에 휩싸였다. 타지키스탄은 5년 동안 내전을 치렀으며, 키르기스스탄에서는 대통령이 두 번 축출되었다. 대대적인 개혁 변화에도 불구하고 다섯 스탄의 초대 대통령과 이후 선출된 대통령들은 권위적인 방식으로 장기집권을 하거나 권력을 세습했다.

독립 국가들의 혼란

소련이 해체되기 전 1980년대에 여러 소비에트 공화국에서는 해체의 징조가 나타나기 시작했다. 다섯 스탄 지역에서는 민족의 언어 부활을 요구하는 시위가 벌어졌고, 이슬람과 민족 문화를 고양하자는 운동이 일어났다. 그러나 소련으로부터 독립해야 한다는 '대범한' 주장은 아직 제기되지 않았다.

러시아를 제외한 소련의 14개 구성 공화국 가운데 '탈소련' 움직임이 가장 활발히 전개된 곳은 발트해 연안의 3개 공화국, 즉 라트비아, 리투아니아, 에스토니아였다. 결국 1991년 9월, 소련은 발트 3국의 독립을 승인하기에 이르렀다. 곧이어 1991년 12월 8일, 동슬라브족 3개 공화국(러시아, 우크라이나, 벨라루스)이 독립국가연합CIS이라는 연합체를 창설하는 데 합의했다. 얼마 후 12월 21일에는 소비에트연방 11개 공화국 수장이 카자흐스탄의 알마티에 모였다. 이는 소비에트연방국 가운데 당시 소련 체제에 가장 이질적이었던 발트해 연안 3개 공화국과 조지아(그루지야)를 제외한 구성으로, 이 자리에서 독립국가연합 협정서가 발표됐다. 이로써 소비에트연방은 해체되었지만 11개 공화국은 행동을 함께 하기로 '연합'한 것이다. 그로부터 5일 후인 1991년 12월 26일 소비에트연방이 정식 해체되었다.

소비에트연방에서 가장 마지막으로 독립을 선언한 카자흐스탄은 역사적으로 러시아와 가장 밀접한 관계였기에 사실 독자적 선택이라기보다는 다른 공화국들의 변화에 보조를 맞춘 것이라 할 수 있다. 원래 소비에트연방을 러시아·우크라이나·벨라루스·카자흐스탄으로 재구성하자는, 즉 동슬라브족 3개국에 카자흐스탄이 더해지는 형식으로 결합하자는 논의가 있었다고 한다. 이 논의가 실제로 얼마나 구체적으로 추진되었는지는 논외로 하더라도, 적어도 노벨문학상 수상자인 솔제니친은 연방이 해체되기 1년 전 이들 4개 공화국의 연방 가능성을 제시했다. 솔제니친은 제2차 세계대전 이후 카자흐스탄 중북부에 있는 강제노동 캠프이자 정치범 수용소인 카라간다 굴라크에서 8년간 수용소 생활을 했으며, 그 체험을 바탕으로 소련 체제의 모순과 부조리를 비판한 소설 『이반 데니소비치의 하루』를 완성했다. 하지만 1970년 노벨문학상 수상 이후 미국으로 망명해서는 자본주의를 강하게 비판하기도 했다.

독립 국가가 존립하기 위한 가장 중요한 요소는 안보와 경제다. 독립 이후에도 현실적으로는 여전히 러시아에 의존할 수밖에 없었던 대부분의 다섯 스탄 국가는 소련 해체 후 러시아와 집단안보조약을 체결했으며, 카스피해 서쪽의 아르메니아도 이 조약에 동참했다. 그리고 화폐 사용에 관한 협의를 나눈 끝에 러시아의 루블화를 계속 사용하기로 하고 화폐 발행에 관한 전권을 러시아에 일임했다. 그러나 러시아가 금융통화 정책을 혁신한다는 명분 아래 구권 루블화를 수거하기 시작하자 다섯 스탄 내에 구권 루블화를 보유하고 있거나 당분간 구권 루블화가 사용되기를 희망하는 사람들이 몰려들면서 혼란과 인플레이션이 발생했다. 더 이상 러시아의 금융통화 시스템에 기댈 수 없게 된 다섯 스탄 각국은 자국 통화를 서둘러 발행하기로 했다. 이 밖에도 제반 국가 시스템이 미흡한 채 독립한 다섯 스탄은 한동안 혼란의 연속이었다.

다섯 스탄 지역에는 소련 시절 구축된 핵실험장과 우주기지가 소재하고 있다. 대표적으로 카자흐스탄 동북쪽에 건설된 세미팔라틴스크는 소련의 대규모 핵실험 장소로, 냉전 시대에 핵실험의 태반이 이곳에서 이뤄졌다. 그런 끼닭에 독립 후에두 카자흐스탄에는 수천 개의 핵탄두가 있었고, 미국을 비롯한 국제기구의 주도 아래 카자흐스탄의 비핵화가 추진되었다. 또한 카자흐스탄 서남쪽의 바이코누르에는 1950년대에 건설된 소련의 우주기지가 있었다. 소련 해체 후 러시아는 대체 불가능한 이 우주개발 시설을 계속 사용하기 위해 이 지역을 러시아의 특별행정구역으로 정하기로 하는 협정을 체결했다. 그러나 카자흐스탄에 지불하는 사용료 등의 문제로 양측 갈등이 계속되자 극동 지역에 보스토치니 우주기지를 추가 건설했다. 북한의 김정은이 방문했던 바로 그

곳이다.

글로벌 무대로 나선 독립 국가들

소련 해체 후 러시아는 옛 연방 공화국들을 '가까운 외국Near Abroad'이라 칭하면서 예전과 같은 영향력을 행사하고자 했다. 특히 러시아 외교가에서는 연방 공화국뿐만 아니라 소련의 위성국가로 전락한 적 있는 유럽권 중부와 동부의 나라들까지 '가까운 외국'이라 표현했다. 그러나 얼마 안 가 유럽권 국가들이 러시아 영향권에서 벗어난 후 '가까운 외국'이란 표현은 옛 소련 연방공화국에 국한되었다가 그마저도 자취를 감췄다.

연방 해체 후 다섯 스탄은 러시아에 대해 일관된 태도를 견지할 수 없는 상황에 직면했다. 이들 국가는 이제 갓 국제무대에 등장한 신생아로서, 제정러시아 때부터 짧게는 수십 년 길게는 수백 년간 자신들을 지배해온 제국의 영향권에서 벗어나기란 쉽지 않았다. 카자흐스탄은 과거가 '소련의 식민지배'였음을 공식 인정하기도 했다.

독립 후 다섯 스탄은 민족주의를 토대로 국가 정체성을 확립하고자 애썼으며, '어느 정도' 선에서 이슬람 정체성도 회복하고자 했다. 이와 관련하여 튀르키예가 범투르크 민족주의를 앞세워 적극적으로 친화의 메시지를 보냈다. 투르크계에 속하는 스탄 국가들(카자흐스탄, 우즈베키스탄, 투르크메니스탄, 키르기스)은 튀르키예에게 기대하는 바가 없지 않았으나 튀르키예를 선도국가로 삼기에는 미흡한 구석이 많았다. 특히 경제 분야의 한계가 두드러졌다. 초기에 우즈베키스탄은 튀르키예와 몇 가지 시범 프로젝트를 추진했으나 튀르키예의 경제적 취약성으로 인해 대부분 중도하차했다. 마침 1992년 우즈베키스탄과 한국이 수교를 맺은 후 대우 그룹을 비롯한 자동차 분야와 섬유 분야에서 다양한 경제 협약이 성사되었다.

독립 이후 다섯 스탄의 커다란 변화는 각 국가의 입장과 시기에 따라 친미적 전략이 수립되었다는 점이다. 심지어 우즈베키스탄에 미국 공군기지가 들어섰으며 키르기스스탄에서는 10년 넘게 미군 기지와 러시아군 기지가 서로 멀지 않은 위치에 자리하고 있었다. 반면 카자흐스탄과 타지키스탄은 안보적으로 '친러'가 유리하다는 판단 아래 각각 4~5개의 러시아 군기지를 받아들였다. 또한 국제사회가 러시아에 경제적 제재를 가했을 때 카자흐스탄은 러시아의 수출입 경로국 역할을 하기도 했다. 러시아에게는 활로가 되고 다섯 스탄 국가에게도 이익을 안겨주었으나 국제 제재를 무력화시키는 결과를 낳았다. 그러면서도 카자흐스탄 그리고 우즈베키스탄은 러시아를 떠나는 서방 기업을 자국에 유치시키려 했으며, 투르크메니스탄은 어느 편도 아닌 중립국의 지위를 고수했다.

러시아 입장에서 보자면 다섯 스탄은 그야말로 '가까운 외국' 이다. 소비에트연방 공화국 시절만큼은 아닐지언정 어느 정도 긴밀한 관계를 유지하기를 원할 수밖에 없다. 그런데 거대 중국이 급격히 부상하자 다섯 스탄은 중국의 강력한 세력권으로 빨려들었다. 천연자원 파이프라인은 이미 러시아 독점 시대에서 중국 일변도의 시대로 접어들었다.

서쪽의 튀르키예는 때때로 범투르크주의를 앞세워 다섯 스탄에게 투르키스탄에 대해 협력을 주장한다. 아랍권 이슬람 국가들 역시 종교를 공통분모로 하여 끊임없이 연대의 신호를 보낸다. 다섯 스탄 지역에서 이슬람 세력화가 표면화되면 다섯 스탄과 가까운 남시베리아 지역 그리고 러시아 내 캅카스(코카서스) 지역 등지의 무슬림 사회가 영향을 받을 수 있기 때문에 러시아는 이슬람 분리주의와 급진주의 또는 근본주의가 불거질 것을 우려했다.

한편 미국은 중앙아시아 지역에 진출할 목적으로 다섯 스탄에 접근했다. 우선 아프가니스탄의 문제 세력을 '해결'하는 과정에서 가장 가깝고 비교적 안전하다는 점에서 효율적인 거점이 될 수 있으며, 더불어 중국과 러시아를 견제하기에도 유리한 전략적 지역이기 때문이다.

분쟁의 불씨가 된 국경선과 수자원

다섯 스탄 가운데 국토 면적이 가장 넓은 카자흐스탄은 원유를 비롯한 천연자원이 풍부하고 경제 규모도 가장 크다. 그러나 인구가 가장 많은 나라는 우즈베키스탄이다. 제정러시아 때부터 우즈베키스탄은 다섯 스탄 지역을 통치하는 거점 역할을 해왔기 때문에 다섯 스탄을 대표한다는 자부심을 지니고 있다. 이러한 차원에서 우즈베키스탄과 카자흐스탄은 역내에서 자존심 대결 구도를 드러내곤 한다.

우즈베키스탄은 지리적으로 바다로 나가려면 2개국 이상을 거쳐야 하는 이중 내륙국Doubly landlocked country이다. 다시 말해서 우즈베키스탄의 이웃 국가 중 하나를 거친 다음 다른 나라로 들어가야 한다는 뜻이다. 또한 우즈베키스탄은 다섯 스탄 중 나머지 4개국과 국경을 맞대고 있는 유일한 나라로, 각각의 나라와 국경 분쟁을 안고 있다. 물론 나머지 4개 스탄 국가도 각각의 국경 문제를 안고 있다. 그중 가장 분쟁이 심한 지역은 페르가나 계곡이다. 우즈베키스탄, 키르기스스탄, 타지키스탄의 국경 문제가 뒤얽혀 있는 이곳은 예로부터 톈산 산맥에서 발원하는 나린강과 카라다리야강을 끼고 있어 농작물 재배가 가능하다. 수확량도 비교적 풍부한 정주 지역이자 동서 교역로가 관통하는 주요 지역으로서 일찌감치 페르시아, 알렉산드로스, 이슬람, 몽골, 티무르 등의 제국들이 이곳에서 번성했다.

소련이 다섯 스탄 공화국의 경계선을 정할 때 가장 복잡하게 설정한 지역이 바로 페르가나 지역이다. 이 경계선이 훗날 다섯 공화국들 사이의 국경선으로 굳어지리라고는 상상도 할 수 없었을 것이다. 우즈베키스탄, 키르기스스탄, 타지키스탄이 맞물리는 페르가나의 경계선은 휘몰아치는 삼태극의 모양과 닮아 있다. 게다가 자국 영토인데 남의 영토를 거쳐야만 들어갈 수 있는 '고립 영토'가 점점이 박혀 있다. 이러한 복잡한 영토 경계는 민족 및 동일언어 집단을 고려한 결과가 결코 아니다. 오히려 소련은 다섯 스탄에서 민족과 언어집단의 특성이 흐려지기를 바랐다. 우즈베키스탄 국경에서 가까운 키르기스스탄의 오시라는 지역에서 발생한 사건이 그러한 폐해를 대변한다. 오시는 키르기스스탄에서 두 번째로 큰 도시인데, 오래전부터 내국인보다 우즈베키스탄인이 더 많이 거주해왔다. 독립 후 키르기스스탄 정부가 오시의 토지를 재분배하려고 하자 우즈베키스탄인 주민들이 거세게 저항하면서 수백 명이 희생되는 유혈 사태가 빚어졌다.

다섯 스탄의 국경수비대 간에 교전이 일어난 경우도 많다. 우즈베키스탄-타지키스탄 분쟁, 키르기스스탄-타지키스탄 분쟁이 그렇다. 오시의 경우와 마찬가지로 우즈베키스탄인은 타지키스탄 북부의 소그드와 카자흐스탄 남부에도 많이 거주하고 있다. 독립

직후, 타지키스탄 내전 당시에는 우즈베키스탄 정부와 타지키스탄 내 거주 우즈베키스탄인들이 일정 부분 개입하기도 했다.

우즈베키스탄과 카자흐스탄의 긴장이 고조되어 국경 분쟁이 발생하자 우즈베키스탄은 국경선 철책을 전방으로 옮기고 군대를 배치해 카자흐스탄을 자극했다. 이에 카자흐스탄은 자국 영토를 통과하는 도로를 봉쇄하여 우즈베키스탄의 수도 타슈켄트와 사마르칸트의 연결망을 끊어버렸다. 과거 소련은 경계선을 획정할 때 우즈베키스탄 북쪽의 땅은 카자흐에 유리하도록 하고 서쪽의 경계선은 우즈베키스탄에 영토를 더 내주었다. 뿐만 아니라 투르크멘 영향권의 지역도 우즈베키스탄 영토에 포함하여 선을 그었다. 결과적으로 소련의 석연치 않은 영토 경계가 훗날 다섯 스탄 국가들에게는 분쟁의 씨앗이 되었다.

수자원 문제도 작지 않은 갈등 요인이다. 키르기스스탄은 지형적으로 톈산 산맥을 끼고 있는 고지대 국가로, 톈산 산맥의 만년설이 녹아 흐르는 물줄기가 키르기스스탄을 거쳐 다른 나라 영토로 흘러든다. 더욱이 키르기스스탄은 북쪽으로 카자흐스탄, 서쪽으로 우즈베키스탄, 남쪽으로 타지키스탄, 동쪽으로 중국과 국경을 접하고 있다. 이러한 지정학적 관계로 인해 키르기스스탄은 이웃 나라인 카자흐스탄 및 우즈베키스탄과 수자원 이용에 관한 갈등을 빚곤 한다. 키르기스스탄은 톈산 산맥 줄기에서 흘러내리는 하천에 댐을 건설해 전력을 생산하는데, 그로 인해 물길을 바꾸거나 저수지의 수위를 임의로 조절할 경우 하류를 끼고 있는 두 나라로서는 수자원 활용에 심각한 타격이 발생하기 때문이다.

타지키스탄과 우즈베키스탄, 타지키스탄과 투르크메니스탄 사이에서도 똑같은 문제가 발생하고 있다. 우즈베키스탄과 투르크메니스탄을 적시는 아무다리야강의 발원지가 바로 타지키스탄의 파미르 고원으로, 타지키스탄은 상류에 수력발전소를 건설하여 최고의 효율을 거둘 수 있는 반면 하류 주변의 나라들은 수자원을 활용하기 곤란해지는 것이다. 역설적으로 중앙아시아의 수자원 패권은 역내에서 상대적으로 경제력이 약한 타지키스탄과 키

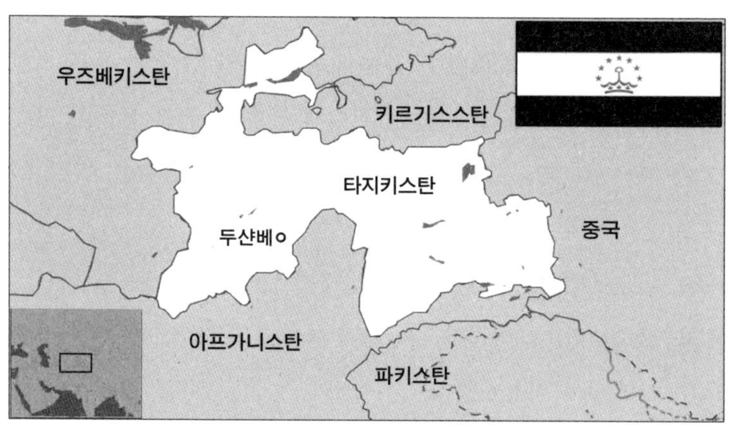

타지키스탄을 중심에 둔 구도.

르기스스탄이 쥐고 있다.

단결과 협력의 '중앙아시아'

중앙아시아의 이웃한 다섯 스탄 국가는 다양한 갈등을 겪고 있지만 협력 또한 필수적이다. 20세기 초 소련은 다섯 스탄의 공화국 경계선을 획정하면서 '중앙아시아'에 대한 새로운 개념을 창출했다. 소련이 말하는 중앙아시아란 유럽이 생각하던 개념보다 훨씬 작은 규모로, 바꿔 말하자면 당시 소련이 점령 중인 네 개의 피지배 국가를 지칭한 것이다. 소련 입장에서 이 지역의 주체는 다섯 스탄 공화국이 아닌 '소련' 자신이었다. 유럽에서는 이 개념을 '소비에트 중앙아시아'라는 명칭으로 대신했다.

러시아어로 중앙아시아는 '스레드냐아 이지아'라 하는데, 정확한 의미를 영어로 번역하면 중앙Central 아시아가 아닌 중간Middle/미디엄Medium 아시아다. 여기서 명사 '스레다Среда'란 일주일의 중간 요일인 수요일을 뜻하는 용어로, 확실히 스레드냐야 아지야는 중간 아시아의 뜻임을 알 수 있다. 즉 다섯 스탄이 중심이 되는 지역이 아니라 소련과 유라시아 대륙 사이의 중간에 있는 아시아라는 개념이 강하다. 더구나 카자흐스탄은 스레드냐야 아지야에서 빠져 있다. 당시 소련이 볼 때 카자흐스탄은 다른 네 개 공화국보다 중앙 연방에 훨씬 가까운 '직할' 개념의 공화국이었던 것이다.

한국어로 '중간'과 '중앙'은 별 차이가 없게 느껴질 수 있겠지만, 그들의 언어 개념으로는 상당히 다르다. 이때의 중간이란 소련을 기점으로 그 어떤 지점을 향하는 노선에서 경유지와 같은 표현이고, 중앙은 중심에 다섯 스탄이 자리하고 있다는 표현이다. 따라서 소련이 해체된 후 카자흐스탄이 포함된 다섯 스탄 국가는 단결과 협력을 논의하면서 '스레드냐야 아지야'라는 표현을 버리고 '중앙(센트럴)'을 넣어 '쩬뜨랄나야 아지야'로 수정하기로 합의하고 이를 국제사회에 공표했다. 서유럽에서도 이 용어를 받아들여 사용하기 시작했다. 유럽에서 새롭게 창립된 '중앙아시아학회' 역시 다섯 스탄 당사국이 합의한 용어를 채택함으로써 이후 이들 5개국을 지칭하는 경우 'C5(Central 5)'라 불리고 있다.

6.
중국과 다섯 스탄

중국의 진출: 탈라스 전투

중국은 오래전부터 중앙아시아 지역에 형성되었던 민족 공동체와 관계를 맺어왔다. 기원전부터 유라시아 대륙 서쪽과 동쪽을 잇는 여러 갈래의 교역로가 존재했을 것으로 추정되며, 다섯 스탄 지역은 그 교역로들의 요충지였다.

잘 알려진 바와 같이 중국 당나라 때 유라시아 대륙의 동쪽과 서쪽은 매우 활발한 교역이 이뤄졌다. 물론 중국은 당나라 이전에도 서역에 진출한 적이 있다. 한나라 당시 무제는 시베리아 남부와 몽골 초원지대에 존재한 유목집단 흉노족을 두려워하여 없애려 했으며, 서역에 파견된 장건이라는 인물은 중앙아시아(월지)를 거쳐 카스피해 북쪽까지 진출하는 등 세력을 과시했다.

이렇듯 중국과 서역이 접촉하는 과정에는 전투와 화해, 분쟁과 협의가 있었다. 여러 관점에서 그러한 역사를 살펴볼 수 있는 사건이 당나라 때 벌어진 탈라스 전투일 것이다.

8세기 중반, 당나라에는 고구려 유민 출신인 고선지高仙芝 장군이 안서도호부安西都護府 군대를 이끌고 있었다. 안서도호부는 서역을 정벌하기 위해 설치한 군사기관으로, '안서安西'라는 명칭에는 서역 진출과 '안정'의 의미가 있다. 이는 월남(베트남)의 안남安南도호부도 마찬가지다. 고선지 장군이 지휘하는 당나라 군대는 지금의 신장웨이우얼 땅 타클라마칸 사막 서북쪽의 쿠차庫車(안서도호부의 치소)에서 출발하여 톈산 산맥 북쪽을 경유해 다섯 스탄 지역으로 들어갔다. 당나라 역사에는 이른바 오랑캐 세력을 쫓아 진압해나가다가 다섯 스탄 지역까지 가게 되었다고 기록되어 있는데, 당나라는 교역로의 요충 지역인 소그디아나(트란스옥시아나)까지 점령하려는 의도가 있었던 것으로 보인다.

8세기 중반, 고선지 장군과 그의 군대는 톈산 산맥을 북쪽으로 넘어가 서쪽으로 방향을 틀어 지금의 카자흐스탄과 키르기스스탄의 접경에 위치한 탈라스 강변(키르기스스탄의 탈라스Talas와 카자흐스탄의 타라즈Taraz 중간쯤 지점)에 이르렀다. 당시 이곳에는 아랍계를 비롯해 이란계와 투르크계 민족까지 합쳐진 압바스(아바스) 이슬람 세력이 장악하고 있었다. 그들은 고선지 군대를 저지하기 위해 이곳에서 큰 전투를 벌였으며, 오랜 진군에 지친 당나라군을 물리쳤다. 패배한 고선지 장군의 군대는 다시 페르가나 계곡을 거쳐 톈산 산맥의 고산준령을 넘어 안서도호부로 퇴각했다.

당시 사로잡힌 당나라군 포로들은 사마르칸트 등지로 압송되었는데, 전해지는 설에 따르면 이들 포로 중 제지 기술자가 있어 이슬람 세계와 유럽으로 중국의 제지술이 전파되었다고 한다. 그러나 탈라스 전투 이전에도 사마르칸트에는 '사마르칸트 종이'를 생산하는 시설이 존재했던 것으로 확인되고 있다. 다만 사마르칸트 종이의 초기 제조법 자체가 중국으로부터 전해졌을 가능성은 남아 있다. 지금도 사마르칸트는 종이와 도자기 제조소로 유명하다.

치열한 동투르키스탄(신장) 섬령진

다섯 스탄 동쪽에는 페르시아 사람들이 동투르키스탄이라 부르던 지역이 있다. 지금의 중국 신장웨이우얼 자치구에 해당하는 지역이다. 톈산 산맥은 다섯 스탄과 신장웨이우얼을 가르면서 동쪽으로 길게 뻗어 나가는데, 그 북쪽의 신장웨이우얼 지역에는 준가르 분지가 있고 남쪽에는 타클라마칸 사막이 대부분인 타림 분지가 있다.

신장웨이우얼 지역에서는 토하라인을 비롯한 코카소이드와 몽골계, 투르크계 종족이 지역과 시대에 따라 흥망성쇠했는데, 그중

8세기경에 위세를 떨친 웨이우얼인과 17세기경에 번성했던 준가르인이 가장 큰 비중을 차지한다.

준가르는 서몽골 일족이 세운 나라로, 18세기 중반 무렵에는 어엿한 '제국'을 이루기도 했다. 그들은 우선 서쪽으로 다섯 스탄 지역의 카자흐인을 공격하여 지역 인구의 절반을 제거했다. 가장 왕성한 세력을 자랑할 때는 서몽골을 포함한 준가르 분지를 중심으로 지금의 우즈베키스탄 영토와 타림 분지 전역 그리고 티베트 일부까지 장악했다. 심지어 북쪽의 남시베리아까지 진출하여 러시아와 전투를 벌이곤 했다. 그러는 동안 카자흐 지역과 남시베리아의 거주자들은 러시아와 준가르 양쪽으로부터 괴롭힘을 당할 수밖에 없었다.

러시아와 중국에게 준가르는 꽤 성가신 존재였다. 러시아는 준가르의 만만치 않은 군사력으로 인해 피해를 입기도 했지만, 무엇보다 다섯 스탄 땅으로 남하하는 노선을 가로막고 있다는 점이 가장 큰 골칫거리였다. 청나라 역시 서쪽 땅에서 제법 강력한 '제국'이 세력을 확장하고 있는 상황을 예의 주시하고 있었다. 준가르 제국의 핵심 종족은 서몽골 출신으로, 동몽골을 차지하기 위해 청나라를 자극하기에 이르렀다. 청나라는 서역 교역로를 지키고 몽골의 안정을 위해 준가르와 맞대결을 피할 수 없었고, 러시아 역시 다섯 스탄 지역으로 진출하기 위해서는 준가르를 돌파해

끝없이 이어진 산맥.

야 했다. 준가르 문제에 대해 러시아와 청나라의 목표가 맞아떨어지자 두 나라는 만주와 연해주에서 벌이고 있는 분쟁부터 매듭짓기로 했다. 그리하여 17세기 말 러시아와 청나라는 네르친스크 조약을 맺어 만주와 연해주의 국경을 확정 짓고 평화를 유지하기로 했다. 이에 따라 청나라는 후방을 걱정할 필요 없이 준가르를 공략할 수 있었으며, 간혹 러시아도 준가르를 공격하곤 했다.

마침내 준가르는 청나라에 패한 뒤 18세기 중반에 지도에서 사라졌다. 제국의 백성은 죽임을 당하거나 노예가 되었고, 그 나머지는 뿔뿔이 흩어졌다. 더욱이 준가르 본진에 전염병이 돌아 인명 손실을 키운 것으로 전해진다.

러시아는 무난히 남시베리아와 동카자흐를 넘어 다섯 스탄, 특히 카자흐 땅으로 진출할 수 있게 되었다. 서투르키스탄(다섯 스탄) 지역이 제정러시아에게 장악되는 동안, 준가르와 웨이우얼 등 동투르키스탄 지역은 청나라에 흡수되었다. 이로써 유라시아 대륙의 한복판인 '동서 투르키스탄' 지역에서 독립 세력으로 존재하던 왕국이나 부족연합들은 근대화된 무력을 지닌 중국과 러시아에 의해 무너져갔다. 이후로도 몇 세기 동안 북쪽의 러시아와 동쪽의 중국은 다섯 스탄을 포함한 동서 투르키스탄의 역사에 지대한 영향력을 행사했다.

19세기 중반 아편전쟁에서 패한 청나라가 무기력해지자 동투르키스탄에서는 권력의 공백 현상이 나타나기 시작했고, 청나라 조정이 이 지역의 투르크화된 사람들을 제거할 것이라는 소문이 나돌았다. 뒤숭숭한 혼란 속에서 동투르키스탄 지역의 토착 세력들 사이에 권력 쟁탈전이 벌어졌다. 이 분쟁에 뛰어들어 승리를 쟁취함으로써 동투르키스탄을 장악한 세력은 뜻밖에도 서쪽 다섯 스탄에서 넘어온 세력으로, 이들은 동투르키스탄 지역에 이슬람 왕국을 세웠으며, 서쪽 끝에 위치한 카슈가르를 중심지로 삼았다. 이 이슬람 왕국은 이어서 영국과 러시아의 승인과 지원을 보장받았다. 영국과 러시아는 동투르키스탄 지역에 대한 청나라의 영향을 배제시키기 위해 이슬람 왕국의 성립을 지원한 것으로, 그 결과 19세기 말 동투르키스탄에 이슬람 왕국이 건설되었다.

청나라는 상황을 수습한 뒤 동투르키스탄 땅을 재수복했으며, 서역西域의 '새로운 강역新疆'이라는 뜻으로 '신장'이라 이름 짓고 직접 통치하기 시작했다. 청나라의 이러한 움직임을 확인한 러시아는 동투르키스탄이 청나라에 복속되는 것을 마냥 지켜볼 수 없었다. 러시아로서는 다섯 스탄 지역, 그러니까 서투르키스탄을 정복한 데 이어서 동투르키스탄까지 손에 넣음으로써 '진정한 유럽-아시아 제국'으로 우뚝 서고자 하는 야심을 포기할 수 없었던 것이다. 이에 청나라가 동투르키스탄 지역을 통제하는 힘이 약화된 틈을 타 카자흐와 가까운 동투르키스탄의 일리伊犁 계곡 일부를 점령했다. 청나라는 이 지역을 회수하기 위해 러시아에게 돈을 지불할 수밖에 없었다. 그러나 세월이 흐른 지금 이 지역에는 주로 러시아로부터 영향을 받은 투르크계 사람들이 거주하고 있다. 이후 중국공산당이 내전에서 국민당을 제압하고 중화인민공화국이 성립될 때까지 동투르키스탄(신장) 지역에서는 소련이 간헐적, 단속적으로 세력을 과시하고 있었다.

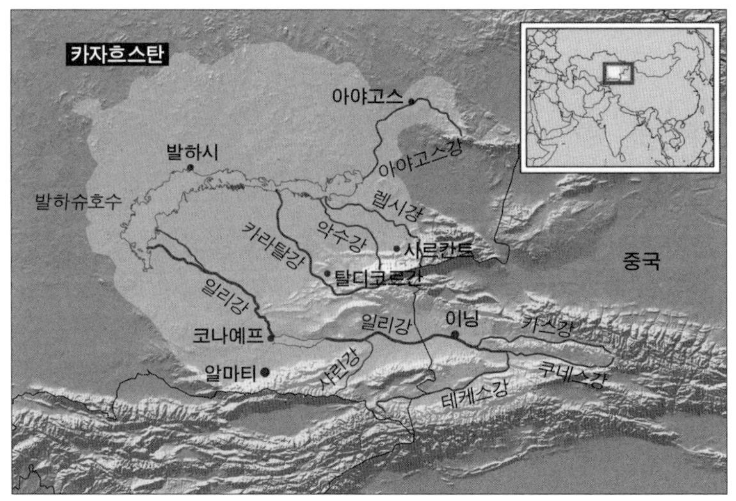

카자흐스탄의 주요 도시와 하천.

소련은 1933년 신장 카슈가르 지역에서 독립을 선언한 동투르키스탄 제1공화국을 막후 지원했다. 1945년에는 소련의 직간접적인 영향 아래 일리 계곡의 굴자(지금의 신장 이닝(伊寧)를 수도로 한 동투르키스탄 제2공화국이 수립되었다. 그러나 중국으로부터 온전한 독립을 이루지 못한 채 혼란을 겪다가 1949년 중화인민공화국이 들어서면서 해체되었다.

다섯 스탄과 신장

　제국주의 시대에 서투르키스탄(다섯 스탄) 지역과 동투르키스탄(신장 지역) 지역 간에는 사람들의 이동과 이주가 빈번했다. 19세기 말 청나라가 동투르키스탄을 수복하자 수많은 무슬림이 보복을 피해 다섯 스탄 지역 또는 러시아의 영향권인 일리 계곡 지역으로 들어갔다. 반면 제정러시아가 무너지고 소비에트연방이 건국되자 소련에서는 일단의 무리가 신장 지역으로 피신했는데, 그중에는 소련 볼셰비키에 의해 반혁명분자로 낙인찍힌 백군 인사들이 포함되어 있었다.

　소련 초기에 카자흐 지역에서 새로운 경작지 개간사업이 대대적으로 전개되자, 이번에는 동투르키스탄 사람들이 카자흐로 건너갔다. 마오쩌둥의 문화대혁명이 기세게 몰아칠 때는 신장에서 다섯 스탄 지역으로 넘어가는 인구가 많았다. 중화인민공화국과 소련의 관계가 악화되었을 때는 신장(중국)과 다섯 스탄(소련) 간의 국경이 폐쇄되었다. 이후 한족이 신장 지역으로 대거 이주하면서 한족 주민의 비율이 급격히 늘어났다. 이에 따라 중국어 사용 인구가 늘어난 반면 투르크 계열 언어를 사용하는 무슬림 인구 비율은 갈수록 줄어들었다.

　1950년대 중·소 분쟁이 격화된 시기, 소련은 중국 신장에 영향력을 행사하면서 중국의 대응과 동태를 살폈다. 그리고 신장과 접해 있는 카자흐스탄공화국의 서열 1위인 제1서기에 웨이우얼인 출신 인물을 임명했다. 으레 제1서기는 해당 공화국의 민족으로 선출하는 관례를 깨고 카자흐인이 아닌 웨이우얼인을 임명한 것이다. 소련이 보인 이러한 행보에 중국은 지역 안보의 위기를 느끼고 카자흐스탄 제1서기가 신장웨이우얼에 어떤 영향을 끼치는지 예의 주시해야 했다.

중화인민공화국은 '동투르키스탄'이라는 명칭을 금지했고, 소련도 '(서)투르키스탄' 명칭을 금지했다. 소련은 분리주의, 급진주의, 근본주의를 내세우는 이슬람 세력에 대해 소련의 체제 안정을 위협하는 세력으로 보았으며, 자국 영토에서 이슬람이 세력화하는 것을 막기 위해 상당히 주의를 기울여왔다. 이는 중국도 마찬가지로, 이미 신장에서는 반중국 체제 세력이 조직화되고 있었다.

신장웨이우얼 지역에서는 크게 두 가지 형태의 분리독립 운동 세력이 있는데, 하나는 여타 투르크 민족과의 연대를 기반으로 동투르키스탄을 수립하려는 세력이고 다른 하나는 웨이우얼족 분리를 기반으로 웨이우얼스탄 수립을 주장하는 세력이다. 다만 분리독립을 주장하는 두 세력은 '이슬람'이라는 공통분모를 지니고 있다. 나아가 민족, 이슬람, 언어의 모든 부분에서 신장과 연결되는 지역이 있었으니, 그곳은 바로 서투르키스탄 지역이다. 그런 이유로 중국은 동서 투르키스탄의 연결고리를 끊어내는 데 집중해왔다.

중국의 부상

이슬람 견제로 관계 개선에 나선 중국

소련 해체 이후 독립한 다섯 스탄은 이슬람 국가라는 점에서 신장 사람들의 종교와 같은 기반을 깊고 있다. 그리고 카자흐스탄, 키르기스스탄, 타지키스탄은 신장 지역과 국경을 접하고 있다. 우즈베키스탄은 중국과 국경을 접하진 않았으나 신장의 웨이우얼인과 언어적으로 가장 가까운 투르크어 계열 민족이다. 과거 소련과 중국 간 분쟁이 극에 달한 시기에 소련은 신장웨이우얼의 분리독립 세력을 암암리에 지원하며 중국을 자극했고, 이에 중국은 국경을 맞대고 있는 공화국들과의 교류를 제한해왔다.

1980년대 중반, 소련의 서기장이자 최초의 대통령인 고르바초프가 글라스노스트(개방)와 페레스트로이카(개혁) 정책을 추진하자 다섯 스탄 지역과 신장웨이우얼 사이에 비공식 교류가 점점 늘어나기 시작했다. 그런 가운데 신장에서 분리독립을 주장하는 세력에 의한 폭발 사건이 연이어 발생하자 중국으로서는 신흥 독립국들과 관계를 개선할 조치가 필요했다. 이에 1996년 상하이에서 중국, 러시아, 카자흐스탄, 키르기스스탄, 타지키스탄의 지도자가 정상 회담을 개최했다. 일명 '상하이 5국'이라 불리는 이 다섯 국가는 서로 국경을 맞댄 처지로, 국경의 안정과 신뢰 구축을 위한 몇 가지 현안에 대해 협의했다. 한 걸음 더 나아가 중국은 카자흐스탄, 키르기스스탄, 타지키스탄이 '점유'하고 있는 중국 고유의 영토를 전부 반환할 것을 주장하면서 경제적 보상을 제시했다. 그러자 다섯 스탄 내부에서는 중국과 엉터리 협상으로 국익을 훼손당했다는 비판이 일었다.

또한 상하이 5국은 테러리즘, 종족 분리주의, 종교적 극단주의에 반대하는 데 동의하고 합동 훈련을 통해 공동 대처하기로 했다. '테러리즘, 종족 분리주의, 종교적 극단주의'에 대처한다는 것은, 쉽게 말해서 상하이 5국 곳곳에서 분출되고 있는 이슬람 세력을 '관리'하겠다는 의미다.

이슬람 세력의 분리주의, 근본주의, 급진주의는 중국과 러시아만의 문제가 아니라 신흥 독립국의 집권 세력에게도 골칫거리가 아닐 수 없었다. 가뜩이나 독립한 지 얼마 되지 않아 체제가 안정되지 않은 상태에서 이슬람 세력의 득세는 위협적인 도전이기 때문이다. 실제로 상하이 5국 협력 체제가 출범하고 나서도 다섯 스탄 지역에서는 무장 무슬림 단체가 관여한 여러 사건이 발생했다. 그런가 하면 상하이 5국의 비회원국이었던 우즈베키스탄에서도 1999년 폭발 테러가 발생했다. 이 사건을 계기로 우즈베키스탄은 상하이 5국 체제에 합류하기로 했고, 2001년 상하이협력기구sco라는 공식 명칭으로 변경되었다. 이로써 상하이협력기구는 중국과 러시아 중심의 반서방 또는 비서방 다자간 조직으로 거듭나게 되었다.

중국은 상하이협력기구에 더욱 의욕적인 태도를 보였다. 첫째, 상하이협력기구를 매개로 다섯 스탄과 더욱 긴밀한 관계를 형성하고자 했다. 그러기 위해서는 중앙아시아의 패권을 쥐고 있는 러시아의 지위를 상대적으로 끌어내릴 필요가 있었다. 둘째, 더 많은 국가와 관계를 형성하여 '친중'으로 끌어들이려 했는데, 이 역시 결과적으로는 러시아의 약화를 의미했다. 셋째, 이슬람 세력화에 대한 공동 대처뿐만 아니라 경제·문화·환경 등 여러 분야로 중국의 역할을 확대하고자 했다. 이 또한 중앙아시아 관련 다자 기구에서 러시아의 약화 또는 퇴장을 노린 것이었다. 실제로 중앙아시아에서 러시아의 영향력은 약화되었고 패권 주도권은 중국으로 기울어져갔다.

다섯 스탄에서 중국과 러시아의 주도권 경합

러시아는 이러한 중국의 행보에 경계심을 드러냈다. 특히 그간 러시아와 특별한 관계이자 '가까운 외국'인 다섯 스탄에 대한 러시아의 영향력이 손상되는 것은 곧 중앙아시아에서 러시아가 우선권을 잃는다는 것을 의미하기에 주의를 기울였다.

중국이 상하이협력기구를 매개로 친중 관계를 형성하려 하자 위기감을 느낀 러시아는 중국과 경쟁 상대인 인도를 회원국으로 초대했다. 이에 질세라 중국은 다시 인도에 적대적인 파키스탄을 회원국으로 끌어들였다. 이후 러시아와 중국은 서로를 노골적으로 겨냥하는 동시에 회원국을 늘려 미국과 서방 세력에 대결해야 한다는 공통의 목표를 위해 협력하는 이중 행보를 이어갔다. 이후 상하이협력기구의 정식 회원국, 옵서버, 대화 상대로 초대된 국가는 이란, 벨라루스, 몽골, 스리랑카, 튀르키예, 캄보디아, 아제르바이잔, 네팔, 아르메니아, 이집트, 카타르, 사우디아라비아, 쿠웨이트, 몰디브, 미얀마, UAE, 바레인이다.

상하이협력기구는 '반테러'를 목표로 한 공동 훈련 등의 군사적 협력을 시작했다. 한편 소련 해체 후 러시아는 중앙아시아의 군사 안보 분야에서만큼은 주도권을 내주지 않겠다는 의지로 우즈베키스탄, 카자흐스탄, 키르기스스탄, 타지키스탄과 체결한 집단안보조약을 집단안보조약기구로 격상시켰다. 그 무렵 우즈베키스탄은 미국에 우호적인 태도를 보이면서 집단안보조약기구에 불참을 선언했다. 그렇다고 해서 우즈베키스탄이 일관적인 '친미' 노선을 택한 것은 아니며, 때에 따라 '친미 탈러시아' 또는 '반미 러시아 회귀'를 택하곤 했다. 전자의 경우에는 조지아, 우크라이나, 아제르바이잔, 몰도바와 함께 협력 체제를 구축했으며 이들 국가명의 앞글자를 딴 '구암GUUAM'을 기구명으로 삼았다. 우즈베키스탄이 이 진영에 포함될 때는 'GUUAM'이 되고 포함되지 않을 때는 'U'자가 빠진 'GUAM'이 되었다.

중국은 상하이협력기구를 이용한 세 번째 목표에도 꽤 공을 들였다. 즉 서방과 이슬람 세력에 대한 공동 대응뿐만 아니라 경제·문화·환경 등 폭넓은 분야로 영향력을 확대하고자 했다. 그러나 상하이협력기구가 너무 다양한 주제를 지향하다보니 기구의 기본 성격이 모호해졌다는 비판이 제기되었다. 이에 중국은 실크로드를 복원함으로써 안보와 경제 등의 복합 과제를 해결하겠다는 구상을 제시했다. 이 이니셔티브가 바로 '일대일로(원벨트 원로드)' 프로젝트의 원천이다.

신 실크로드와 다섯 스탄

2013년 중국은 카자흐스탄에서 처음으로 '육상 실크로드' 이니셔티브를 주창했다. 당시에는 '신新 실크로드 경제벨트'라는 기치를 내걸었으며, 연이어 인도네시아에서 '해상 실크로드' 구상을 선보임으로써 육상 실크로드와 조응하도록 했다.

중국은 영토가 넓어서 마치 사방이 열려 있는 것 같지만 실제로는 막혀 있는 형국이다. 특히 중국이 자급할 수 없는 에너지와 식량을 들여오는 노선이 안정적이지 못하다. 중국 밖으로 나갈 때도 마찬가지다. 태평양은 대부분 일본열도와 대만에 의해 가로막혀 있다. 중국은 남중국해에 대한 배타적 권리를 주장하고 있지만 필리핀과 베트남은 자국의 수역이라는 입장을 굽히지 않고 있으며, 미국은 시시때때로 함대를 파견하여 일본, 호주와 연합훈련을 펼치면서 항행의 자유를 주장한다. 만일 다른 해협들마저 미국과 호주가 막아선다면 중국은 유사시 에너지와 식량 조달 문제에 처할 수밖에 없다.

역사적으로 중국과 러시아는 때로는 동반자였고 때로는 적대자였던 사이로, 소련 당시에는 양국 간 무력충돌을 빚기도 했다. 중국 동북 지방, 특히 훈춘珲春의 지도를 자세히 들여다보면, 중국은 러시아 연해주에 완전히 가로막혀 있다. 게다가 러시아와 북한은 바늘 꽂을 틈도 없이 붙어 있어 중국이 곧장 동해로 진출할 창구가 없다. 다만 중국이 북한 영토에 대해 일종의 지배력을 행사할 수 있게 된다면 동해로 진출할 수 있는 숨통이 트이는 셈이다. 이런저런 배경을 고려할 때 유사시 중국군이 압록강과 두만

강을 건너 북한 땅에 진주하는 시나리오에 대비할 필요가 있다.

동해 상황을 예외로 하더라도 중국은 현실적으로 남아시아, 중동, 유럽으로 통할 수 있는 해상 루트를 뚫고 그 루트의 거점도시를 확보하여 개발과 운용의 주도권을 틀어쥐어야 한다. 이에 따라 동중국해와 남중국해에서 직접 바다로 바로 나갈 수 없는 경우를 상정해, 파키스탄의 항구를 거쳐 바다로 나가는 계획을 포함시켰다.

중국에서 파키스탄 앞바다(아라비아해)로 가려면 카라코람 산맥을 넘어야 한다. 이에 따라 중국은 1959년부터 카라코람 하이웨이 공사를 시작하여 20년 만에 개통시켰다. 중국 신장웨이우얼의 기슈가르에서 파키스탄을 연결하는 이 국가간 연결도로는 약 1300킬로미터에 달하며, 가장 높은 지점은 국경에 위치한 해발 4700미터의 쿤자랍 고개다. 쿤자랍 고개를 넘어가도 험준한 지형이 계속되기 때문에 도로 유실 등의 안전사고가 수시로 발생한다. 고개 동쪽으로는 에베레스트 다음으로 높은 고봉 K2가 중국과 파키스탄 영토를 나눈다.

덩샤오핑의 개혁개방 이후, 즉 1990년대 중반부터 중국의 동부 연안 도시들은 급속히 발전을 이룬 반면 중서부 지역은 개발 낙후로 인해 동부와 서부의 지역 격차가 심각해졌다. 중국은 도시화율을 높이고 국내 소비가 많아져야 총생산이 제고된다. 그러

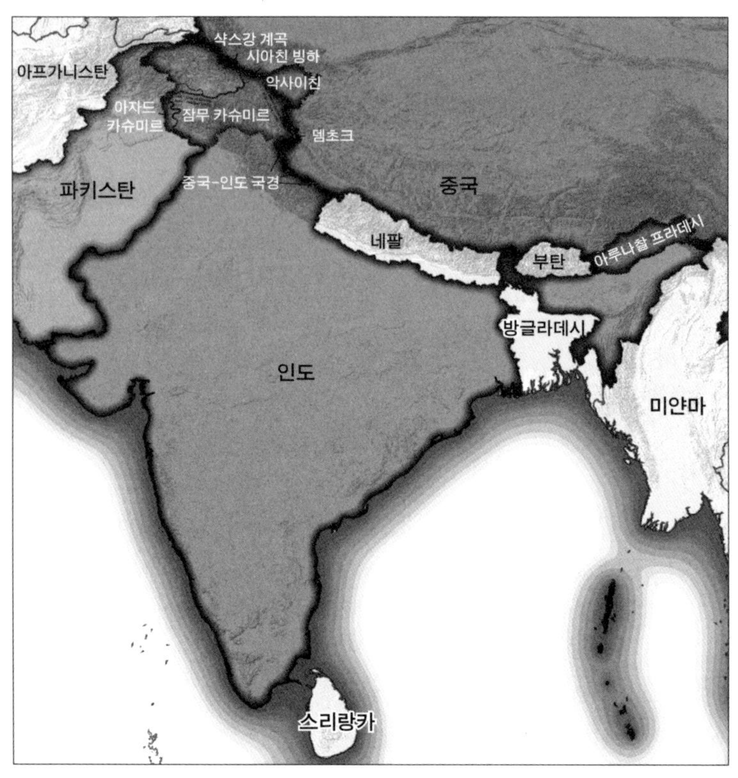

중국-파키스탄 국경 분쟁 지역.

려면 낙후된 중서부 지역의 농민들이 해당 광역 도시의 생산 및 소비 인구가 되어야 지속적인 성장을 이룰 수 있다.

결국 1990년대까지 중국을 빠르게 성장케 한 동인動因들은 그 한계를 드러냈다. 다시 말해서 중국에 대한 해외 직접투자와 거대한 인구를 바탕으로 한 생산력의 이점이 효력을 잃기 시작한 것이다. 마침 소련 해체 후 다섯 스탄 지역의 가스, 석유 에너지를 비롯한 천연자원의 가치가 주목받게 되자, 중국은 다섯 스탄을 거쳐 서쪽으로 진출한다면 여러 이익을 창출할 수 있다고 판단했다. 무엇보다 다섯 스탄의 가스, 석유 및 천연자원을 공동 개발하여 그 이익을 공유하면서 자원을 안정적으로 수급받을 수 있다. 다섯 스탄 입장에서도 바다가 없어 천연자원을 배로 실어 나르기 어려운 상황에서 모든 파이프라인이 러시아로 연결된 상황을 벗어나 다변화하는 것이 유리하다.

두 번째 이익은 중국은 다섯 스탄을 경유하는 도로망과 철도 망으로 서쪽 진출뿐만 아니라 서북, 서남 지역 진출도 가능해진다. 서북쪽으로의 철도망 품질이 보장된다면 시베리아 횡단철도보다 운송 시간을 단축할 수 있다. 중국 대륙을 횡단하여 우루무치를 지나는 열차는 톈산 산맥 북사면을 따라 카자흐스탄과 맞닿은 중국의 국경 도시 아라산커우에 도착한다. 국경 너머 카자흐스탄으로 연결되는 첫 기차역은 도스틱으로, 막대한 화물 물동량을 소화할 수 있는 기반시설과 정유시설을 갖추고 있다. 물론 카자흐스탄 영토를 통과한다 해도 러시아와 협상하지 않고서는 카스피해 서북쪽 방면으로 이어지는 러시아 땅을 통과할 수 없다. 결국 카스피해에서 화물을 배에 옮겨 싣거나 이란 영토를 경유해야 한다. 게다가 키르기스스탄, 타지키스탄처럼 부존 천연자원이 없는 나라들에게는 중국과 교통망을 연결하여 중개교역의 허브 역할을 담당하는 것만으로도 국가적 경제 진흥책이 될 만하다.

세 번째 이익은 다섯 스탄과 가까운 중국 서부 지역의 개발을 촉진하는 데 도움이 된다. 신장웨이우얼을 비롯해 옛 실크로드 기점과 중간 경로에 해당하는 산시, 닝샤, 간수, 칭하이, 충칭, 쓰촨, 시짱 등 저개발 지역에 그야말로 '대변화'의 바람을 일으킬 수 있다. 서부 지역 대개발로 거점도시가 발전하면 중서부 농민 인구를 흡수할 수 있고, 동부와 남부 연안 대도시들만 비대화되는 현상을 탈피하여 전체적인 도시화의 균형을 이룰 수 있다.

카자흐스탄과 중국의 갈등

다섯 스탄은 독립 이후 중국과 여러 분야에서 활발한 교류를 이어오고 있으며, 이에 따라 물적 이동뿐만 아니라 인적 이동의 규모도 확장되었다. 한 예로 과거에는 학생들이 주로 러시아로 유학을 떠났으나 현재는 중국 유학을 선택하는 비중이 증가했으며, 특히 중국 서부 지역으로의 유학이 많아졌다. 러시아가 그랬듯이 중국도 다섯 스탄 지역에 자국어를 전파하고 중국 문화를 고양할 목적으로 다수의 기관을 설치했다. 공자학원이 가장 대표적인 기관이다.

그러나 다섯 스탄과 중국은 여러 분야에서 갈등과 분쟁을 치르고 있다. 그중 하나가 수자원 문제로, 지형상 동쪽의 산맥에서 발원하는 하천을 공유하는 상황에서 갈등이 발생하고 있다. 카자흐스탄 영토를 흐르는 하천의 발원지가 중국인 경우, 중국이 일방적으로 자국에 유리하게 수자원을 관리하면 하류 수원을 이용하는 카자흐스탄은 피해를 입을 수밖에 없다. 예컨대 이르티시강은 중국에서 발원해 카자흐스탄 북부뿐만 아니라 북쪽의 러시아 방향으로도 흘러들어 러시아 옴스크 지방의 용수로 활용되는 하천이다. 그런데 중국 당국은 신장웨이우얼 자치구 인구가 증가함에 따라 곡물과 방직산업을 위한 면화의 재배 면적을 늘리면서 이브티시강에 댐을 건설해 대량의 수자원을 사용하는 바람에 카자흐스탄과 러시아의 하천 이용에 피해를 끼쳤다.

핵실험 문제도 중국과 카자흐스탄의 갈등 요인이다. 소비에트 연방 시절에 카자흐스탄 동북부는 소련의 핵실험 장소로 제공되었는데, 독립 후 카자흐스탄은 소련의 핵실험 장소를 폐쇄하고 보유한 핵무기도 모두 넘김으로써 비핵화를 실천했다. 그런데 중국의 주요 핵실험 장소는 신장으로, 카자흐스탄 인구가 많이 거주하는 지역에서 인접한 탓에 카자흐스탄은 이해 당사국으로서 문제를 제기할 수밖에 없었다.

다섯 스탄에 대한 미·중·러의 정책

러시아 입장에서 개혁개방 이후 급속히 발전해온 중국은 따라잡기 어려울 정도의 경제 규모를 이루었다. 더욱이 다섯 스탄 지역에서 중국이 경제적 영향력을 키워가는 모습은 매우 위협적이다. 그렇다고 해서 다섯 스탄과의 경제적 연대를 포기할 수는 없는 것으로, 러시아는 카자흐스탄, 벨라루스, 아르메니아, 키르기스스탄이 참여하는 유라시아경제연합에 지속적인 노력을 기울여왔다. 중국에 비해 그 영향력은 열세일지언정 이른바 '가까운 이웃'이라는 특수 관계를 내세워 유라시아의 경제연합을 지속하고자 하는 것이다.

한편 미국과 국제사회는 다섯 스탄의 독립을 바라보면서 소비에트 시절에 건설된 핵시설을 보유하고 있다는 점을 가장 우려했다. 더욱이 1000개 이상의 핵탄두를 가지고 있었기 때문에 이를 폐쇄 및 폐기하도록 유도하는 데 앞장섰다. 이후 2001년, 미국 본토에서 전 세계를 놀라게 한 9·11 테러 사건이 발생했다. 이 사건을 계획한 알카에다의 수장 오사마 빈 라덴은 다섯 스탄의 바로 남쪽 아프가니스탄에 은거해 있다가 미국의 체포 작전을 피해 파키스탄으로 옮겨다녔다. 10년 만에 빈 라덴과 일당을 소탕함으로써 응징을 마친 미국은 9·11을 계기로 대 이슬람권 전략을 재검토하게 되었다. 아프가니스탄과 가까운 다섯 스탄 국가의 중요성이 대두되었고, 미국은 다섯 스탄을 전략적 거점으로 활용하는 계획을 세웠다. 우선 이 지역에 공군기지를 설치하는 계획을 수립했고 대상 국가들은 미국에게 기지를 제공하기로 했으며, 러시아는 이의를 제기하지 않았다. 이후 아프가니스탄과 우즈베키스탄 국경 근처의 카르시 지역과 키르기스스탄에 미군의 공군기지가 건설되었다. 그러나 5년 만에 우즈베키스탄과 미국의 관계는 악화됐다. 우즈베키스탄 동부 페르가나에서 벌어진 반정부 시위를 정부가 폭압적으로 진압한 사안에 대해 미국이 우즈베키스탄 정부를 대놓고 비난했기 때문이다. 정부의 강경 진압으로 인해 사망한 시위 참가자는 집계 주체에 따라 다르지만 폭넓게 200~1500명으로 추산됐다. 우즈베키스탄 정부는 '미국식 민주주의'를 내세운 내정 산섭이자 입박으로 받아들였다.

중국은 다섯 스탄에 대해 미국과 다르게 접근했다. 이웃 나라 우즈베키스탄에 미국의 공군기지가 들어선 것을 매우 불편하게 느낀 중국은 우즈베키스탄의 권력자들이 부담을 덜 느낄 만한 입장을 표명했다. 예컨대 우즈베키스탄의 시위가 '이슬람 원리주의자들에 의한 반정부 시위'였다고 논평하면서 시위 해산은 엄연히 '우즈베키스탄의 내정'이라는 견해를 피력했다. 이러한 외교는 중국이 아프리카의 여러 국가를 대할 때 항상 사용하는 방식으로, 우즈베키스탄 정부는 '워싱턴 방식'보다는 '베이징 방식'을 환영했다. 중국은 한 걸음 더 나아가 우즈베키스탄에서 미국의 공군기지를 철수하도록 하는 게 바람직하다는 의견까지 밝혔다. 마침내 우즈베키스탄은 미국의 공군기지 철수를 주장했고, 수개월 만에 미국은 기지를 철수했다. 그 대신 미국은 키르기스스탄의 공군기지에 집중했다. 사실 키르기스스탄에는 미국 공군기지에서 멀지 않은 거리에 러시아의 공군기지가 있었다. 소련 해체 후에도 다섯 스탄 여러 곳에 러시아군이 주둔해 있었기 때문으로, 카자흐스탄에는 레이더 기지를 비롯해 3개의 기지가 있고 타지키스탄에는 5개 기지가 있었다. 키르기스스탄은 미국에게 기지 사용료 인상을 지속적으로 요구했고, 결국 미국은 약 10년간 운용되던 공군기지를 철수했다.

미국은 다섯 스탄에 대해 좀더 정밀한 전략을 구상해야 했다. 그동안 아프가니스탄을 '관리'하기 위해 중앙아시아 다섯 스탄을 '활용'했다면, 이제는 각국의 지리·정치·경제 분야를 고려한 전략이 필요했다. 더욱이 다섯 스탄에서 천연 에너지 자원과 희귀 광물이 생산된다는 사실은 무시할 수 없는 부분이었다. 미국은 중앙아시아 지역에서 특정 국가나 집단의 영향력이 강해져 패권을 행사하지 못하도록 하는 데 집중했다. 이때 '특정 국가'란 중국, 러시아 그리고 이란을 지칭한다. 미국은 역내의 전통적 영향 세력인 중국과 러시아가 다섯 스탄 지역에 대해 패권적 지위를 갖지 못하게 하는 동시에, 이란이 '이란계 종족의 인연 및 페르시아 문화의 연결성'에 기대어 다섯 스탄에 접근하지 못하도록 관리했다.

러시아는 중국이 주도하는 실크로드 프로젝트가 본연의 취지를 넘어서는 것, 즉 상하이협력기구를 중심으로 군사와 경제 분야에서 '전방위적 다자간 연합체'로 발전하는 것은 결코 용인할 수 없다는 입장이다. 그러나 현실적으로 중국이 다섯 스탄 지역 국가들과 경제 협력을 진행하는 추세를 막을 순 없었다. 결국 다섯 스탄 지역에서 러시아는 경제적 헤게모니를 장악할 수 없는 처지가 되었고, 그저 그들이 상호 협력하는 과정에서 러시아에 도움될 만한 부분을 찾아내야 했다.

또한 러시아는 중국의 행보가 다섯 스탄 지역의 안정화에 도움이 된다는 사실을 어느 정도 인정할 수밖에 없었다. 다섯 스탄 지역이 불안정해지면 그 영향으로 러시아 국내에 존재하는 이슬람 세력이 동요할 수 있다는 점에서 러시아에게 이득인 셈이다. 이와 관련하여 러시아는 키르기스스탄 비슈케크에 이슬람 근본주의 테러에 초동 대처하는 기지를 설치했다.

중국은 다섯 스탄 지역에서 러시아와 협력과 경쟁을 거듭했다. 중국에게 다섯 스탄 지역과 그 서쪽, 서북쪽, 서남쪽으로의 '서진'은 필수불가결한 활로이기 때문에 기존 러시아의 기득권을 언제까지 얼마나 인정해줘야 할지가 숙제로 남았다. 그러나 중국에게 실질적으로 훨씬 더 신경 쓰이는 대상은 당연히 다섯 스탄 지역에 군사기지를 구축한 미국이다. 중국의 동쪽과 남쪽 해상 역시 현실적으로 미국의 영향권이다. 이렇듯 중국에게 진짜 위협적인 상대는 러시아가 아닌 미국으로, 어떻게든 미국의 빈틈이나 약한 고리를 찾아 제척해야 해상과 육로를 개척할 수 있다.

8.
중앙아시아의 정의

서아시아, 남아시아, 동아시아, 북아시아, 동남아시아

한국에서 '중앙아시아'라고 하면 대개 우즈베키스탄, 카자흐스탄, 키르기스스탄, 타지키스탄, 투르크메니스탄을 떠올린다. 그렇다면 이 다섯 스탄의 남쪽에 자리한 또 다른 '스탄' 국가인 아프가니스탄은 서아시아일까? 남아시아일까? 중동일까?

애초에 '아시아'라는 용어가 유럽인에 의해 만들어진 것이었으므로 '중앙아시아'라는 말도 유럽인의 인식에 기초하고 있다고 할 수 있다. 한편 중앙아시아는 '중앙유라시아'라고도 표현되는데, 중앙아시아와는 어떤 차이가 있으며 구체적으로 어느 지역을 가리키는가?

오래전 유럽 사람들이 자신들의 땅과 구분하여 동쪽으로 펼쳐진 아시아 지역을 인식하는 과정은 마케도니아의 알렉산드로스 대왕이 동방을 원정한 과정과 비슷할 것이다. 처음에 그들이 인식한 아시아는 아나톨리아 반도의 튀르키예 지역이었으나 점차 메소포타미아(현재의 이라크와 이란 지역)로 넓어졌고, 다음에 현재의 인도 북부와 중앙아시아까지 확대된 것이다.

아나톨리아, 페르시아, 중앙아시아 너머 유라시아 대륙에 자리한 나라를 지칭하는 방식에도 유럽인의 시선이 다분히 담겨 있다. 예를 들어 중국을 일컫는 '차이나'는 중국 최초의 통일왕조인 '진'에서 유래된 것이다. 반면 러시아를 비롯한 일부 유럽 국가에서는 차이나 대신 '키타이Китай'라고 했고, 지금도 이 명칭을 쓰고 있다. 때로는 중국을 '캐세이Cathay'라고도 했다. 키타이와 캐세이는 거란, 즉 치단契丹에서 유래한 것이며, 영어로는 '키탄Khitan'이라 발음한다.

러시아 사람들이 중국을 '키타이'라 부르게 된 데는 몇 가지 역사적 계기가 있다고 생각된다. 우선 고대에 러시아인은 중국인을 접하기 전에 먼저 초원지대에 사는 거란인을 접촉했다. 또한 10세기 무렵 세력을 키운 거란이 중국 중원으로 밀고 내려가 지금의 허난성 카이펑開封 근처에 요나라를 세운 후 러시아와 교류했다. 마지막으로, 요나라가 만주 여진족의 침략으로 패한 뒤 거란족 일부가 중앙아시아로 이주하여 서요西遼, 즉 '카라 키타이'라는 나라를 세웠을 때도 러시아인들과 크고 작은 접촉이 있었다.

이제 유럽인의 관점으로 서아시아, 남아시아, 동아시아, 북아시아, 동남아시아, 중앙아시아 지역을 구체적으로 확인해보자.

먼저 서아시아는 아나톨리아 반도(지금의 튀르키예), 메소포타미아 또는 페르시아(지금의 이라크, 이란, 쿠웨이트와 시리아 일부), 레반트 지역(지금의 이스라엘, 팔레스타인, 요르단, 레바논, 시리아 등을 중심으로 하는 동지중해 지역), 아라비아 반도(지금의 사우디아라비아, 예멘, 오만, UAE, 카타르, 바레인 등), 코카서스 산맥 남쪽(지금의 조지아, 아르메니아, 아제르바이잔), 그리고 이집트 수에즈 지협 동쪽의 시나이 반도와 지중해의 키프로스섬 등을 포함한다. 그러나 오늘날 국제사회에서 키프로스섬, 튀르키예, 이집트의 시나이 반노, 이스라엘, 아라비이 반도, 이란 등은 관점에 따라 서아시아에서 제외되곤 한다. 참고로 현재 키프로스섬의 북부는 튀르키예가 지배하고 남부는 유럽연합 가입 지역으로 나뉘어, 실질적으로는 분단 상태다. 현대 국제사회가 중동을 구분의 기준으로 삼는다면 아라비아 반도는 서아시아에서 빠지게 될 것이다. 그 반면 아프가니스탄은 때때로 서아시아 영토로 포함되곤 한다.

다음으로, 남아시아는 인도 아대륙亞大陸, Subcontinent이라 할 수 있다. 구체적으로 인도, 파키스탄, 방글라데시, 스리랑카, 부탄, 네팔, 몰디브 등이 이에 포함된다. 동남아시아의 미얀마에서 가까운 인도령 안다만 제도, 니코바르 제도 역시 남아시아로 간주된다. 앞서 서아시아에 속한다고 했던 아프가니스탄은 때에 따라 남아시아로 취급된다.

동아시아는 한반도, 일본, 중국, 몽골 정도를 아우른다.

북아시아는 러시아의 우랄산맥 동쪽 지역 전체를 뜻한다.

동북아시아(영어로는 북동아시아)는 동아시아와 북아시아를 합친 개념으로 한반도, 일본, 러시아 극동, 중국 동북쪽, 몽골 등을 포함한다.

동남아시아(영어로는 남동아시아)는 우리가 일반적으로 알고 있는 동남아시아 지역이다.

중앙아시아는 기본적으로 다섯 스탄을 가리키지만, 여기에 아프가니스탄이 포함될 때도 있다. 특이하게도 아프가니스탄은 중앙아시아, 서아시아, 남아시아 사이에 교집합처럼 끼어 있는 존재로, 그러한 지정학적 배경 때문에 민족과 언어도 매우 복합적이며 다양한 구성을 나타내고 있다.

중앙아시아의 개념과 영역의 변화

유럽에서 가장 이른 시기에 중앙아시아라는 지리 개념을 언급한 인물은 알렉산더 폰 훔볼트다. 18세기 독일의 부유한 귀족 출신의 지리학자이자 자연과학자인 그는 스페인령 남아메리카 대륙을 탐험하면서 안데스 산맥과 아마존강의 동식물을 조사하고 그 생태를 그림으로 남겼다. 뿐만 아니라 근대 지리학과 동식물학, 해양학, 지질학, 기상학, 물리학에 이르기까지 선구적 업적을 쌓았다. 오늘날 그의 이름을 딴 훔볼트 해류, 훔볼트 펭귄, 훔볼트 오징어 등이 이를 말해준다.

훔볼트는 제정러시아 시기에 유라시아 대륙을 탐험했고, 19세기 중반에 비로소 중앙아시아라는 지리적 개념을 구체적으로 밝혔다. 그가 말하는 중앙아시아는 지금의 다섯 스탄 땅과 아프가니스탄, 신장과 티베트 지역, 몽골과 내몽골, 일부 러시아 남부 지방을 포함한다. 훔볼트의 중앙아시아는 지금의 동아시아, 북아시아, 서아시아, 남아시아 일부를 모두 포함하고 있다. 즉 서아시아 쪽으로는 이란과 튀르키예가 더해지고, 남아시아 쪽으로는 파키스탄과 인도 북부가 더해지고, 동아시아 쪽으로는 중국 영토가 더해진 상태다. 오늘날 중앙아시아 개념은 훔볼트가 정한 영역에서 어느 정도 더해지거나 빠졌을 뿐 크게 달라지지 않았다는 사실을 알 수 있다.

훔볼트 외에도 중앙아시아에 대한 개념 정의는 다양하다. 예를 들어 유엔의 한 기구가 정의한 중앙아시아는 앞서 훔볼트가 말한 지역 외에 이란 동북부, 파키스탄과 인도 북부, 러시아 동북부의 투르크어 지역이 포함된다.

제정러시아와 제정러시아의 뒤를 이은 소련은 다섯 스탄 지역을 점령하고 나서 스레드냐야 아지야(중앙아시아) 개념을 도입했다. 앞서 말했듯이 스레드냐야 아지야는 카자흐스탄을 제외한 네 개의 스탄 공화국으로, 유럽은 이를 소비에트 중앙아시아라 했다. 스레드냐야 아지야는 '미들middle'의 의미에 가깝고 쩬뜨랄나야 아지야는 센트럴certral의 의미에 가깝다. 과거 소련에서 쩬뜨랄나야 아지야라는 용어는 스레드냐야 아지야 지역에 더하여 아프가니스탄 그리고 동투르키스탄을 의미했다.

앞서 얘기했듯이 한국인이 일반적으로 부르는 중앙아시아는 '우카키타투'의 다섯 스탄으로, 옛 소련으로부터 독립한 다섯 스탄 당사국이 정의한 개념과 같다. 이 책에서 말하는 '중앙아시아'는 특별한 경우가 아니면 다섯 스탄이 속한 지역을 지칭한다.

중앙아시아 외에 두 개의 개념을 추가로 소개하고자 한다.

하나는 '내륙Inner 아시아'라는 개념으로, 지금의 다섯 스탄 지역과 신장과 티베트, 몽골과 내몽골 그리고 만주를 포괄한다. 이 영역은 훔볼트의 중앙아시아 개념에서 러시아 남부와 아프가니스탄을 빼고 만주를 더한 것이다. 남북으로 홀쭉해지고 동서로 길어졌다.

다른 하나는 '확대Greater 중앙아시아'라는 개념으로, 지금의 다섯 스탄 지역과 아프가니스탄, 파키스탄과 인도 북부, 신장과 티베트, 몽골과 내몽골, 러시아 남쪽 일부, 이란, 튀르키예를 포괄한다. 훔볼트의 중앙아시아 개념에서 이란, 튀르키예와 파키스탄, 인도 북부의 무슬림 지역이 추가된 것이다. '확대'라는 말에 걸맞게 서쪽과 남쪽이 크게 확장되었다.

더 넓은 개념의 중앙유라시아

20세기 초반, 러시아는 유라시아주의Eurasianism라는 개념을 바탕으로 범슬라브주의를 내세우기 시작했다. 여기서 말하는 유라시아란 '제정러시아가 다스리던 지역에 살고 있는 슬라브인, 투르크인, 페르시아(이란)인, 몽골인을 비롯한 여러 민족의 공간'이라는 개념이다. 이는 서유럽과 다르고 동아시아와도 다른 러시아만의 독자성을 강조함으로써 러시아(소련)가 유라시아 대륙을 서도한다는 민족주의를 드러낸 것으로, '유일하게 유럽과 아시아에 걸친 영토 대국' 러시아만이 유라시아 개념을 사용할 수 있다는 자부심의 표현이다. 러시아는 유라시아주의를 정치적 이념 선동에 이용했으며, 혁명 이후 볼셰비키 정권에서도 이러한 개념을 십분 활용하여 소련의 영향으로 사회주의 체제를 경험한 아시아와 동유럽의 위성국가들을 포괄 확장하고자 했다.

소련 해체 후 신흥 독립국가 카자흐스탄에서는 '유라시아' 또는 '유라시아주의'라는 표현을 부쩍 빈번히 사용했으며, 실제로 많은 학교나 기관 단체의 명칭에 '유라시아'라는 용어가 포함되었다. 그러나 이 경우는 소련(러시아)이 사용하는 개념과는 전혀 다르다. 기본적으로 자국 중심의 개념이라는 점은 비슷하지만, 카자흐스탄이야말로 유라시아 대륙에서 동서남북의 한복판에 위치한다는 지리적 특성을 기반으로 다양한 종족·문화·문명의 융합을 선도한다는 의미를 내포한 것이다. 이는 곧 자신들을 지배해온 러시아와 신흥강자 중국 사이에서 주권을 지키는 한편 주변 국가들과의 협력을 주도하는 위치에 서고자 하는 의지의 표현이다.

'중앙유라시아'라는 개념도 있다. 그 범주는 훔볼트가 정의한 중앙아시아, 파키스탄과 북부 인도, 히말라야 산맥의 네팔과 부탄, 이란과 튀르키예, 아제르바이잔, 헝가리 등 유럽 일부까지 포함한다. 이 개념은 지리적으로 '확대 중앙아시아'보다 더 넓은 개념으로 통용되고 있다.

9.
다섯 스탄의 천연자원

카자흐스탄의 천연자원

카자흐스탄의 국토 면적은 중앙아시아에서 가장 크다. 세계에서 카자흐스탄보다 국토 면석이 넓은 나라는 8개국으로 러시아, 캐나다, 미국, 중국, 브라질, 호주, 인도, 아르헨티나 순이다. 실제로 카자흐스탄의 광활한 대지를 달려보면 다양한 지층과 식생 그리고 천변만화하는 기후를 체감할 수 있다.

카자흐스탄의 인구 규모는 우즈베키스탄 다음이지만 경제 규모는 중앙아시아에서 가장 크다. 카자흐스탄의 경제 규모가 타국에 비해 월등한 이유는 산유국이기 때문이다. 조사기관에 따라 다르지만, 카자흐스탄의 채굴 가능한 석유 매장량은 세계에서 11~13위 정도로 확인된다.

중앙아시아 내륙은 국지성 호우가 자주 내린다.

　문제는 석유를 해외로 운송하는 방법이다. 석유를 수출하려면 배에 싣거나 육상에 연결된 파이프라인으로 수송해야 하는데, 다섯 스탄 가운데 바다를 끼고 있는 나라는 서쪽의 카스피해에 면해 있는 카자흐스탄과 투르크메니스탄뿐이다. 두 나라를 제외한 우즈베키스탄, 키르기스스탄, 타지키스탄은 국경으로 둘러싸인 내륙국이며, 더욱이 이중 내륙국인 우즈베키스탄은 바다로 나가려면 2개국 이상 거쳐야 한다. 전 세계에서 이중 내륙국은 우즈베키스탄과 리히텐슈타인뿐이다.

카스피해는 명칭으로는 명백히 바다이지만 실제 지형학적으로는 내륙에 있는 호수다. 한반도 면적의 1.6배가 넘는 이 거대한 호수를 국제법 규정상 바다로 처리해야 하는지, 아니면 호수로 처리해야 하는지를 두고 주변국 간에 분쟁이 뜨거웠다. 카자흐스탄, 투르크메니스탄, 그리고 코카서스(캅카스) 남쪽의 아제르바이잔에게는 카스피해를 국제법상 '바다'로 인정받는 편이 유리하다. '바다'라면 자국 해안선으로부터 12해리(약 22킬로미터)까지 영해로 인정받아 천연자원을 채굴할 수 있으며, 12해리보다 먼 바다도 협약을 통해 경제수역으로 배분받을 수 있기 때문이다. 그러나 카스피해가 호수로 규정된다면 천연자원 채굴은커녕 여러 가지 복잡한 문제에 맞닥뜨리게 된다. 따라서 세 나라는 카스피를 바다라고 주장해왔지만, 카스피해에 면한 또 다른 국가인 러시아와 이란은 호수라고 주장해왔다.

특히 카스피해를 끼고 있는 카자흐스탄과 투르크메니스탄에게는 천연자원 운송과 관련하여 중요한 쟁점이다. 옛 소련 시절에는 소련과 이란만이 카스피해에 면해 있었기 때문에 두 나라가 적당히 구역을 설정하는 식으로 관리해왔다. 그러나 소련 해체 이후 두 가지가 현안으로 대두되었다. 첫째는 독립 신생국가인 카자흐스탄, 투르크메니스탄, 아제르바이잔이 카스피해 연안국으로 추가되었다는 것이고, 둘째는 석유 산업기술의 발달로 인해 카스피해 수역에서 석유와 천연가스가 매장된 새로운 지점이 발견되었고, 수심 깊은 곳에서도 채굴이 가능해졌다는 것이다. 가뜩이나 카스피해 연안 내륙의 유전이나 천연가스전이 고갈된 상태에서 매장량조차 확인할 수 없었던 카스피해 수역의 천연자원이 확인되어 채굴할 수 있게 되었으니, 카스피해 규정에 관한 논의는 첨예할 수밖에 없다. 20여 년간 이어진 이 논쟁은 2018년 카스피해를 '특수 지위의 바다'로 규정함으로써 일단락되었다. 또한 카스피해 대부분은 공동이용 수역으로 관리되고, 해저 자원은 각국에 분할되는 것으로 정했다.

카스피해가 국제법 규정상 바다로 합의된다 해도 카자흐스탄과 투르크메니스탄에게는 다른 문제가 남아 있다. 현실적으로 일정 규모 이상의 선박은 카스피해에서 다른 바다로 나가기 어렵다는 점이다. 작은 규모의 선박은 카스피해의 러시아측 연안과 연결되는 볼가강을 거슬러 올라간 다음, 돈강과 볼가강을 연결하는 운하를 통과하여 돈강의 하류를 타고 내려가 흑해와 지중해로 나갈 수가 있다. 엄밀하게 말하자면 흑해로 나갈 수 있는 크림반도 옆의 아조프해와 흑해, 그다음에 지중해로 나가는 경로다. 그런데 볼가강으로 진입하는 카스피해의 북쪽 수심이 매우 낮아서 규모가 큰 선박은 접근할 수 없다. 더구나 기온이 낮은 겨울철이면 카스피해 북쪽 수역이 얼어붙기 때문에 운항이 어렵다. 결과적으로 일정 규모 이상의 수로와 운하 시설이 갖춰지지 않는 한 카스피해는 아시아와 유럽 사이에 있는 호수일 뿐이다. 가장 큰 문제는 러시아령의

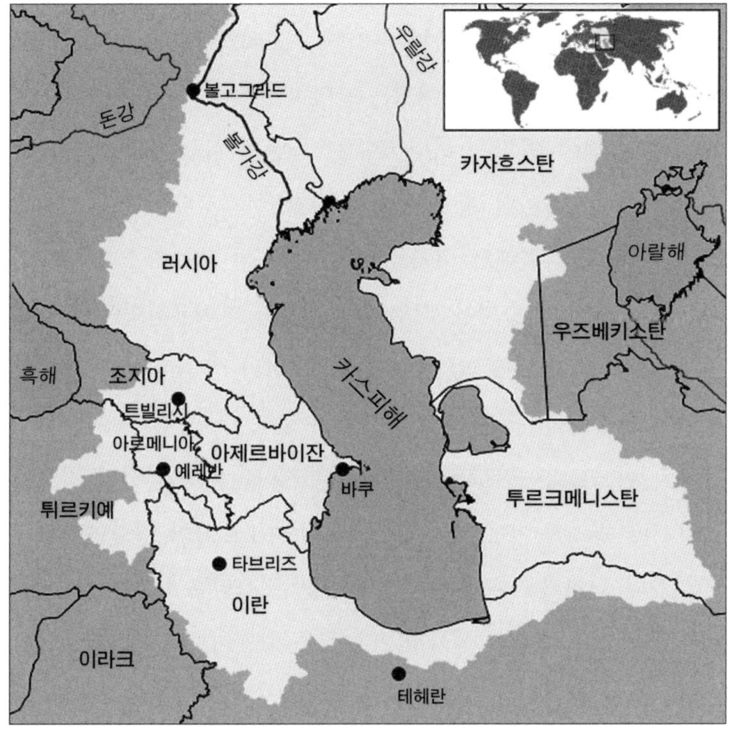

카스피해와 그 주변 나라들.

강·운하 및 영해를 통과하려면 러시아와 다시 협의해야 한다는 것이다.

이제 카자흐스탄에서 천연자원을 운송할 수 있는 다른 노선, 즉 러시아 볼가강 노선이 아닌 타국의 바닷길을 이용한다고 가정해보자. 이 경우 바다를 보유한 이란, 파키스탄 등의 협조가 필요하다. 카자흐스탄에서 이란까지 가려면 투르크메니스탄의 육로를 통과해야 하고, 파키스탄까지 가려면 우즈베키스탄과 아프가니스탄의 육로를 거쳐야 한다. 어쨌든 답답한 노릇이 아닐 수 없다.

다른 방법이 있기는 하다. 카자흐스탄의 유조선을 카스피해 건너편 아제르바이잔 항구로 보낸 다음 아제르바이잔과 조지아의 육로를 거쳐 흑해로 나가는 방안이다. 아니면 카스피해를 건너 아제르바이잔, 조지아, 튀르키예를 잇는 파이프라인을 이용해 지중해까지 나갈 수도 있다. 아제르바이잔의 항구이자 수도인 바쿠까지 운송하면 이 육상 노선으로 수출할 수 있다. 바다가 없는 산유국 아제르바이잔도 러시아의 파이프라인을 대신하여 튀르키예의 지중해까지 이어지는 이 파이프라인이 필요한 입장이다.

석유와 천연가스를 수송하는 이 파이프라인은 1992년 튀르키예의 제안으로 건설이 성사되었다. 처음에는 이보다 더 짧은 아제르바이잔-아르메니아-튀르키예 노선으로 추진되었으나, 아제르바이잔과 아르메니아의 잦은 분쟁으로 인해 아르메니아 대신 조지아를 경유하는 노선으로 변경되었다. 2006년 완공된 이 파이프라인은 BTC 파이프라인이라 불린다. B는 아제르바이잔의 수도인 바쿠, T는 조지아의 수도인 트빌리시, C는 튀르키예 남부의 지중해 항구도시인 제이한의 머리글자다. 참고로, 코카서스(캅카스) 산맥 남쪽에는 아제르바이잔, 아르메니아, 조지아(그루지야) 3국이 이웃해 있다. 과거 세 나라는 소비에트연방공화국에 속했지만 종교와 종족이 매우 이질적이다. 아제르바이잔의 주된 신앙은 이슬람이고, 언어는 튀르키예어와 상당히 가까운 투르크어를 사용하고 있다. 반면 아르메니아는 국민 대부분이 기독교를 믿으며, 언어는 유럽어와 가깝다. 조지아 국민의 대다수는 정교를 믿고 조지아어를 사용한다.

이쯤 되면 국가가 바다를 면하고 있는가의 여부는 글로벌 시대에 매우 중요한 요건임을 알 수 있다. 우리를 돌아볼 때, 한국은 비록 북쪽이 가로막혀 있어 육로로는 유라시아 대륙에 들어갈 수 없지만, 삼면이 바다를 접하고 있고 수심 깊은 항구가 있으며 비교적 자유롭게 항행할 수 있다. 즉 우리에게 필요한 원자재를 마음껏 들여올 수 있고 우리가 만든 상품을 전 세계로 수출할 수 있다는 점에서는 행운이라 할 수 있다.

2004년부터는 카자흐스탄과 중국을 잇는 파이프라인을 설치하여 양국 간 자원 교역이 활발히 이뤄지고 있다. 이제 카자흐스탄 카스피해 연안의 유전지대 아티라우 등지에서 생산된 석유는 신장 아라산커우를 거쳐 중국으로 직접 수입되고 있다. 중국은 기존에 러시아로부터 천연자원을 수입하는 파이프라인을 갖고 있었으나 새로운 공급망을 얻어 석유 수급의 안정을 확보했고, 이에 따라서 러시아에 대해 협상력을 높일 수 있게 되었다.

카자흐스탄 석유 수출의 유일무이한 경로였던 러시아로서는 셈법이 복잡해졌다. 카자흐스탄에게 중국이라는 거대한 대안이 생기면서 상대적으로 러시아의 구매력이 낮아진데다 카자흐스탄이 카스피해 수역에서 아제르바이잔으로 연결되는 파이프라인을 시도하자 러시아는 제동을 걸고 나섰다. 카스피해 연안국인 러시아, 이란, 카자흐스탄, 투르크메니스탄, 아제르바이잔 5개국의 전체적 합의와 조약 없이는 카스피해에 파이프라인을 건설할 수 없다는 주장이었다.

러시아의 몽니에도 불구하고 카자흐스탄의 석유산업에 대한 중국의 영향력은 계속 확대되었다. 중국 국영기업인 중국석유천연가스공사가 카자흐스탄 석유 개발과 채굴을 책임지면서 미국, 영국, 네덜란드, 러시아, 이탈리아, 프랑스 등 세계 굴지의 에너지 기업들은 영향력이 대폭 낮아졌다. 더구나 석유 수출 물량도 중국 방향 파이프라인의 비중이 높아지자 중국의 입김이 더욱 강해졌다.

카자흐스탄은 석유와 천연가스 매장량도 풍부하지만 석탄, 철, 우라늄, 구리, 납, 망간, 아연, 알루미늄, 금, 은, 크롬, 텅스텐 등 세계적으로 중요한 광물자원이 부존한 국가다. 특히 전 세계 생산량의 40퍼센트가 넘는 우라늄은 카자흐스탄의 중요한 전략적 자산이 되어 있다.

투르크메니스탄의 천연자원

투르크메니스탄의 가장 큰 자원은 천연가스로, 그 매장량은 러시아, 이란, 카타르에 이어 네 번째로 많다. 카자흐스탄이 석유를 수출했던 경우와 마찬가지로 투르크메니스탄도 소련이 해체되기 전까지는 소련의 파이프라인을 이용할 수밖에 없었다. 이후 2009년 중국으로 파이프라인이 연결뇌사 새로운 수출 노선이 형성되었다. 다만 투르크메니스탄은 중국과 국경을 접하지 않았기 때문에 카자흐스탄의 파이프라인을 거쳐야만 운송이 가능하다.

중국 입장에서도 해상 외 육로를 통해 천연가스를 들여올 수 있다는 점에서 큰 이익이다. 중국 신장에 도착한 천연가스는 주로 동부의 발전 지역에 공급되었는데, 이러한 투자 프로젝트를 일컬어 '서기동수西氣東輪'라 명명했다. 중국은 카자흐스탄의 유전 개발과 마찬가지로 투르크메니스탄의 가스전 개발에 투자하기 시작했다.

한편 투르크메니스탄은 서방 국가에 천연가스를 공급하기 위한 목적으로 카스피해 수역을 통해 아제르바이잔까지 연결되는 해저 파이프라인을 건설할 계획이다. 러시아는 이에 대해서도 카스피해 연안 5개국이 협의해야 건설할 수 있다고 주장했다. 이후 아제르바이잔·조지아·튀르키예를 잇는 파이프라인이 건설되었고, 투르크메니스탄으로서는 선박을 이용하든 해저 파이프라인을 설치해서든 천연가스를 카스피해 너머 아제르바이잔 항구까지만 운송하면 파이프라인을 통해 유럽의 수요처까지 보낼 수 있게 되었다. 이렇듯 투르크메니스탄은 러시아가 독점하고 있던 천연가스 수송로에 의지할 필요 없이 동서로 새로운 노선을 확보함으로써 오랜 숙원사업을 해결할 수 있었다.

2012년 투르크메니스탄은 남쪽으로 국경을 접하고 있는 이란으로 연결되는 파이프라인을 건설하기로 한 데 이어서, 동남쪽으로 국경을 접한 아프가니스탄을 거쳐 파키스탄과 인도로 이어지는 파이프라인을 추진하는 등 새로운 수출 대상을 공략 중이다.

우즈베키스탄은 다섯 스탄 가운데 인구가 가장 많고 제정러시아의 투르키스탄 총독부 거점지였던 만큼 다섯 스탄을 대표한다는 자부심을 갖고 있었다. 그러나 카자흐스탄이 풍부한 석유 매장량을 바탕으로 경제적 발전을 이루자 주도권 경쟁에서 흔들리는 상황이 되었다. 우즈베키스탄도 석유와 가스 자원 보유국이긴

하지만 카자흐스탄이나 투르크메니스탄의 매장량에는 비교가 안
되는 정도다. 다만 금, 우라늄 등 다양한 광물자원을 많이 보유하
고 있으며, 이미 중국에 우라늄을 수출하고 있다.

다섯 스탄 국가는 전 세계적으로 친환경, 재생 에너지 생산 및
첨단산업에 필요한 희귀 광물인 리튬, 납, 동, 코발트, 크롬, 몰리브
덴, 아연 등의 공급자로 부상하면서 이제 희귀자원 패권국의 지
위를 중국과 분점할 수 있게 되었다.

10.
다섯 스탄의 지리와 도시

러시아, 중국으로 연결되는 철도망

철도는 전통적으로 러시아에서 가장 중요한 교통망이었다. 모스크바 시내에는 동서남북 각 방향으로 연결된 기차역이 10여 개 있으며, 그중 야로슬라브스키역에서 출발하여 동쪽으로 향하는 시베리아 횡단철도는 약 9288킬로미터로 세계에서 가장 긴 노선을 자랑한다. 주요 기착지를 살펴보면 야로슬라블, 예카테린부르크, 노보시비르스크, 바이칼호의 이르쿠츠크, 몽골, 중국, 블라디보스토크 등이다.

모스크바 서북쪽에 위치한 레닌그라츠키역에서는 상트페테르부르크(레닌 사망 후 그를 기념하여 명칭이 레닌그라드로 바뀌었다가 다시 상트페테르부르크가 되었다), 북극권 바렌츠해의 항구도시 무르만스크, 핀란드, 에스토니아 등 주로 서북쪽 노선이 많다.

벨라루스키역에서는 벨라루스, 프랑스, 독일 등지로 가는 기차가 출발한다.

카잔스키역에서는 카잔, 첼랴빈스크, 카자흐스탄, 우즈베키스탄, 키르기스스탄, 타지키스탄 등지로 가는 기차가 출발한다.

파벨레츠키역에서는 사라토프, 카자흐스탄 서부, 우즈베키스탄 등지로 가는 기차가 출발한다.

쿠르스키역에서는 볼고그라드, 아제르바이잔 등지로 가는 기차가 출발한다.

러시아에서 다섯 스탄으로 향하는 철도는 무조건 북쪽의 카자흐스탄을 경유하도록 되어 있다. 카자흐스탄을 거의 거치지 않는 유일한 노선(이 노선도 타슈켄트에 다다르기 직전에 일마간 카자흐스탄 국경을 걸친다)이 있다면 제정러시아가 초기 다섯 스탄을 공략하기 위해 서쪽 카스피해 연안의 항구도시 크라스노보드스크(지금의 투르크멘바시)와 투르키스탄 총독부의 타슈켄트(우즈베키스탄)를 연결한 트랜스 카스피안 철도 정도다. 이 철도는 투르크메니스탄의 투르크멘바시를 출발해 동쪽으로 수도 아시가바트, 역사의 도시 마리, 투르크메나바트, 우즈베키스탄의 부하라, 사마르칸트를 거쳐 타슈켄트로 들어간다.

트랜스 아랄 철도는 투르키스탄 총독부의 타슈켄트(우즈베키스

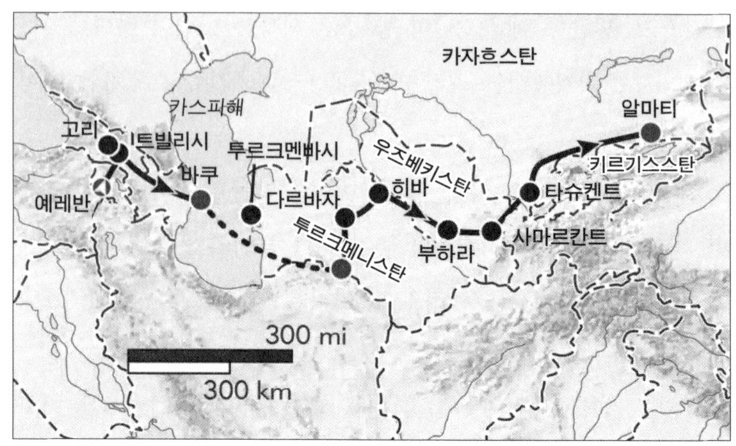

스탄 국가들을 가로지르는 철도 노선과 주요 역.

탄)에서 출발해 시르다리야강을 따라 서북쪽으로 올라가며 카자흐의 투르키스탄, 크질오르다, 아랄(아랄해 동쪽에 있는 도시), 악토베를 훑은 후, 러시아 땅으로 넘어가 오렌부르크, 사마라로 향한다. 제정러시아 말기에 완성된 트랜스 아랄 철도는 유라시아 대륙 서부로부터 다섯 스탄의 중심부까지 직접 연결되며, 여기서 다시 트랜스 카스피안 철도와 연결된다.

소련 시대 초기에 건설된 투르케스탄-시베리아 철도는 다섯 스탄의 남북을 종단한다. 구체적으로 말하자면, 우즈베키스탄의 타슈켄트에서 출발하여 카자흐의 쉼켄트와 타라즈, 다시 키르기스의 비슈케크와 카자흐의 알마티를 거쳐 카자흐 스텝 지대를 거슬러 올라가 시베리아의 노보시비르스크로 연결되는 노선이다. 노보시비르스크에서 시베리아 횡단철도로 갈아타면 서쪽으로 예카테린부르크가 나오고, 동쪽으로 바이칼호의 이르쿠츠크가 나온다. 다섯 스탄 지역의 서쪽에서 여객이나 화물을 운송하려면 러시아의 볼고그라드나 사라토프를 경유하는 철도를 이용한다.

이렇듯 한동안 다섯 스탄의 철도는 러시아를 거칠 수밖에 없었다. 그런데 다섯 스탄이 소련으로부터 독립하고 난 뒤, 카자흐스탄 동쪽으로 중국 영토인 우루무치와 산시성(시안)을 경유하여 동부 연안의 창구까지 이어지는 철도편이 개통되었다. 다만 다섯 스탄을 포함하여 옛 소련 나라들은 철로가 1520밀리미터인 광궤廣軌를 사용하기 때문에 표준궤(1435밀리미터)인 중국 철로를 이용하려면 열차 바퀴를 교체하지 않는 한 화물을 환적하고 승객이 기차를 갈아타야 하는 번거로움이 수반된다. 하지만 완전한 내륙 국가인 다섯 스탄에게는 러시아 외에는 선택의 여지가 없었던 운수체계에서 중국이라는 새로운 활로를 얻은 셈이었다.

철도로 다섯 스탄과 연결된 중국의 도시들은 중앙정부로부터 각각의 역할을 부여받았다. 중앙아시아와 유럽과 중국을 잇는 신장웨이우얼 자치구의 수도인 우루무치는 항공·철도·도로 운송의 허브이자 무역·물류의 중심지라는 역할을 부여받아 방직, 패션,

의약 바이오, 신에너지, 신소재, 소프트웨어, IT, MICE, 금융 등 산업과 교육 분야를 육성하고 있다. 이에 따라 우루무치는 신장 웨이우얼 자치구를 대표하여 중앙아시아 및 유럽을 대상으로 하는 교류와 교역의 플랫폼으로 거듭났으며, 중앙아시아에서 많은 유학생이 몰려들고 있다.

신장 서남쪽의 카슈가르는 키르기스스탄, 타지키스탄과 국경을 접하고 있으며, 이들 나라를 거쳐 우즈베키스탄, 카자흐스탄으로 진출하는 관문이다. 카슈가르는 중앙아시아를 상대로 전자, 농업, 방직산업 그리고 물류, 전자상거래 분야를 특화하고 있다.

신장 일리계곡의 서쪽 끝에 위치한 호르고스는 카자흐스탄과 붙어 있는 국경도시로, 국경 무역, 금융, 마이스MICE 산업을 중점으로 하되 의약 바이오, 전자, 신소재 산업을 육성하고 있다.

중앙아시아, 유라시아 대륙의 십자로

유라시아 대륙은 사방이 열려 있는 지형의 특성상 오래전부터 이곳 사람들은 말을 타고 유목 생활을 해왔다. 이들은 여건이 맞아떨어지면 언제든 빠르게 이동할 수 있는 장점을 살려 대륙 어디로든 진출할 수 있었다. 그렇다는 것은 반대로 사방에서 공격을 받을 수 있다는 말이기도 하다.

동쪽의 돌궐·몽골·중국, 북쪽의 러시아, 서쪽의 페르시아, 알렉산드로스의 마케도니아, 아랍 이슬람, 셀주크 제국 등 역사적으로 유라시아 대륙에서 큰 세력을 일궜던 모든 제국은 대륙의 십자로인 다섯 스탄 지역을 핵심지로 삼았다. 가까운 19세기의 사례를 봐도 마찬가지다. 러시아가 중앙아시아 다섯 스탄을 점령하기 위해 남침을 시도하자 당시 인도 땅을 노리고 있던 영국이 다섯 스탄과 카슈미르 사이에 끼어 있는 아프가니스탄을 완충지대로 삼아 러시아를 저지하고 나섰다. 영국은 아프가니스탄과 두 차례의 전쟁을 치른 끝에 영국에 우호적인 인물을 국왕에 앉히고 아프가니스탄을 동맹으로 만들었다. 이 사례에서 알 수 있듯이, 다섯 스탄 남쪽에 자리한 아프가니스탄은 상황에 따라 중앙아시아가 되기도 하고 서아시아가 되기도 하며, 때로는 남아시아가 되기도 하는 등 기묘한 요충지라 할 수 있다. 아프가니스탄의 지도를 보면 동쪽 방향으로 긴 꼬리 모양의 와칸 회랑이 자그마치 350킬로미터나 이어져 있음을 알 수 있다. 이는 중앙아시아를 중심으로 러시아와 영국이 건곤일척의 땅따먹기, 일명 '그레이트 게임'이라 불리는 영토 분쟁에서 어떻게든 러시아의 진출을 막으려 노력한 흔적이라 할 수 있다. 와칸 회랑은 아프가니스탄 중심지로부터 중국 국경에 이르기까지 기나긴 계곡으로 이루어져 있다. 비록 아프가니스탄과 중국의 접경 거리는 짧지만 중국은 이곳 경비에 각별한 신경을 쓰고 있다.

이렇듯 중앙아시아 다섯 스탄과 아프가니스탄은 유라시아 대륙에서 남북의 세력이 맞부딪히거나 동서의 세력이 쟁패했던 중심무대였다.

톈산: 텡그리 숭모와 경외의 대상

동서남북 세력의 중심무대인 중앙아시아 다섯 스탄의 동남쪽에는 톈산 산맥이 길게 자리 잡고 있다. 톈산 산맥의 동북쪽은 과거 준가르 제국이었고 동남쪽은 주요 교역 거점들이 산재했던 곳으로, 톈산 산맥은 서투르키스탄(다섯 스탄)과 동투르키스탄(신장)을 가르는 경계라 할 수 있다.

중국어로는 '톈샨天山'이라 불리지만 투르크어로는 '텡그리 타그Tengri Tagh'라 한다. 투르크어 계열 언어를 사용하는 카자흐스탄, 키르기스스탄, 우즈베키스탄이나 몽골에서는 각각 '텡그리 타그'와 비슷한 발음의 자국어로 부르고 있다. 혹은 표지판에 영문으로 'Tian Shan'이라 표기하기도 한다.

앞서 설명했듯이 '텡그리'라는 단어는 '하늘신'을 뜻하며, 유라시아 초원 지역에서 광범위한 숭모의 대상을 표현하는 말이다. 그러니까 중앙아시아 사람들에게는 이 자연의 명칭이 무엇이든 간에 신성한 경외의 대상이었다. 톈산 산맥의 최고봉은 해발 7400미터가 넘고, 해발 3000~4000미터가 넘는 산들이 수두룩

하다. 만년설로 덮여 있는 산이 많고, 빙하가 녹아 산상 호수에 담겼다가 하천으로 흘러내려 수원지를 이루기도 한다. 톈산 산맥에서 두 번째로 높은 봉우리인 칸텡그리는 해발 7000미터에 달하며 카자흐스탄, 키르기스스탄, 중국 3국의 국경선이 이 산의 정상에서 만난다. '칸텡그리'란 말 그대로 '하늘의 통치자'라는 뜻이다.

알마티: 다양한 식생과 기후가 공존하는 도시

톈산 산맥은 카자흐스탄 국토의 동남쪽 경계를 이루고 있으며, 카자흐스탄의 최대 도시인 알마티는 남쪽으로 톈산 산맥에 감싸여 있다. 원래 알마티는 카자흐스탄의 수도였으나 1997년 이런저런 이유로 북부의 아스타나로 수도가 변경됐다. 알마티에서 아스타나까지는 1000킬로미터 떨어져 있으며, 서쪽으로 190킬로미터 거리에 있는 키르기스스탄의 수도 비슈케크가 훨씬 가깝다. 알마티에서 비슈케크로 가다가 북쪽으로 50여 킬로미터를 올라가면 유네스코 세계문화유산으로 지정된 고대 유적 탄발리 암각화를 볼 수 있다.

산지 북사면의 탁월한 자연을 활용한 스포츠 시설도 알마티의 자랑이다. 해발 1700미터 지점에 메데우 스케이트장이 있고, 곤돌라를 타고 좀더 올라가면 해발 2200미터 지점에 쉼불락 스키장이 갖춰져 있어 국제 설상 스포츠 경기를 유치하기도 했다.

톈산 산맥

　알마티의 옛 이름은 '사과 산'이라는 뜻을 지닌 '알마 타우'인데, 예로부터 이곳에 야생 사과나무가 많았다고 한다. 소련 시절에는 '사과 아버지'라는 뜻으로 '알마-아타'라 불렸다. 카자흐스탄 남부에서 자생하는 사과나무 품종(학명은 '말루스 시에베르시')은 오늘날 재배용 사과 품종의 시조로 알려져 있다. 알마티에서는 매년 가을에 사과 축제가 열린다.

　알마티 시내에서 바라보는 톈산 산맥의 만년설도 장관이지

만 근교 산지로 올라가면 빅 알마티 호수를 비롯해 만년설이 녹
아 만들어진 수많은 호수 풍경도 아름답다. 알마티에서 동쪽으로
200킬로미터 지점에는 텐산 산맥의 침엽수림 협곡 지대를 트레킹

알마티 차린국립공원의 협곡

할 수 있는 차린국립공원이 있다.

알마티 북쪽의 캅차가이 호수를 끼고 동쪽으로 달리면 사막지대, 오아시스, 대초원, 지구 같지 않은 형형색색의 암석지대 등 다양한 식생과 기후가 공존하는 알틴에멜 국립공원 구역이 있다.

알마티에서 동쪽으로 달리다가 남쪽으로 방향을 틀어 비포장도로를 지나면 갑작스레 거대한 구릉과 초원이 펼쳐지고, 사륜구동차로 해발 2750미터의 아시투르겐 천문대까지 올라가면 고지평원에서 탁 트인 세상을 조망할 수 있다. 천문 관측은 둘째치고 일망무제의 풍경을 선사하는 명소로 널리 알려져 있다.

북카자흐스탄과 남카자흐스탄

유라시아의 스텝 초원지대는 다섯 스탄을 포함하여 서쪽으로 흑해, 북쪽의 서시베리아 평원까지 이어져 있으며, 동쪽으로는 준가르 초원을 지나 몽골 초원으로 연결된다. 그리고 북쪽의 시베리아 타이가와 남쪽의 사막지대 사이에 위치한 카자흐스탄의 영토는 국토의 3분의 1 가량이 북쪽의 거대한 스텝 초원지대에 걸쳐 있으며, 서유럽 국가들을 모두 합친 정도와 맞먹을 만큼 방대하다.

19~20세기 격동의 시대에 수십에서 수백만의 러시아인 및 소수민족들이 카자흐스탄으로 집단 이주 또는 강제 이주되었고, 이들에 의해 척박한 땅이 개간되었다. 그 결과 오늘날 카자흐스탄

은 세계에서 열 손가락 안에 들 정도로 넓은 경작지를 보유하고 있다. 특히 카자흐스탄 북부와 중부의 경계에 자리한 수도 아스타나는 당시 대대적으로 시행되었던 '새로운 경작지(이른바 Virgin Land)' 개간사업의 중심지였다. 또한 과거 러시아가 다섯 스탄 지역으로 진출하는 거점이었으며, 지금도 다섯 스탄과 러시아를 오가는 교통의 중심지다. 1998년 수도로 정해지면서 행정도시이자 계획도시로 설계되어 잘 정비되어 있다.

아스타나 지역은 여러 차례 이름이 바뀌었다. 1920년 이전까지는 러시아 제국의 주도 아크몰린스크였다가, 수도로 정해지면서 아크몰라(카자흐어로 흰색 무덤)로 바뀌었고, 이듬해 아스타나로 정해졌다. 카자흐어로 아스타나는 '수도'라는 의미다. 독립 카자흐스탄의 두 번째 대통령은 수도의 명칭을 초내 대통령(누르술탄 나자르바예프)의 이름을 딴 '누르술탄'으로 변경했으나 국민적 저항에 부딪쳐 얼마 지나지 않아 다시 아스타나로 되돌려졌다.

소련 시절에 아스타나, 카라간다를 비롯한 카자흐스탄 동북부 지역에는 스탈린 체제 당시의 냉엄한 분위기를 짐작할 수 있는 20여 곳의 노동교화소(굴라크)가 몰려 있었다. 아스타나의 서쪽으로는 유라시아 스텝이 펼쳐져 있으며, 그 가운데 형성된 커다란 습지는 세계적으로 멸종위기에 처한 철새들의 도래지이자 다양한 동식물이 서식하는 자연보존 지역으로 보호되고 있다.

시르다리야강이 흐르는 남카자흐스탄에는 우즈베키스탄 민족이 많이 살고 있다. 이는 소비에트 초기에 다섯 스탄 지역에서 우즈베키스탄 공화국의 영향력을 견제하기 위해 소련이 카자흐, 키르기즈, 타지크 공화국 곳곳에 우즈베키스탄 사람들을 분산 이주시켰기 때문이다. 남카자흐스탄에는 카자흐스탄에서 세 번째로 큰 도시 쉼켄트가 있다. 제정러시아 때는 러시아식으로 '체르나예프'로 불리다가 다시 쉼켄트로 바뀌었다. 타슈켄트, 쉼켄트 등의 명칭에 포함된 '켄트'라는 용어는 '도시'를 뜻하는 페르시아어다.

쉼켄트에서 서북쪽으로 150킬로미터 떨어진 곳에는 예전에 카자흐 칸국의 수도였던 투르키스탄이 있다. 제정러시아 시대의 투르키스탄 총독부(타슈켄트)와 구별하기 위해 투르키스탄시티라고 불리는데, 이곳에도 우즈베키스탄 민족이 많이 거주한다. 투르키스탄에는 옛 이슬람 유적이 가장 많이 남아 있으며, 특히 12세기 초반에 등장한 이슬람 지도자 아흐메드 야사위의 시신을 안치한 영묘靈廟가 있다. 원래는 몽골 침략 당시 파괴되었으나 이후 14세기 티무르 제국이 도시를 재건하면서 재건축한 것으로, 유네스코 세계문화유산으로 보존되고 있다. 이에 투르크어를 사용하는 국가들의 다자간 기구인 투르크 국가기구Organization of Turkic States는 투르키스탄을 '투르크어권 세계의 영적 수도'라고 선언했다.

키르기스스탄: 이식쿨 호수 근처의 사나토리움

카자흐스탄의 동남쪽에 자리한 키르기스스탄은 톈산 산맥 위에 올라탄 형국이라 할 정도로 국토 전역이 험준한 산악 지형이다. 따라서 뛰어난 경관을 자랑하는 삼림 지역이 대부분이다. 키르기스스탄을 중심으로 카자흐스탄 일부, 우즈베키스탄 일부를 포함한 서부 톈산 산맥이 유네스코의 자연유산으로 등재되어 있다.

키르기스스탄 동부 해발 1600미터 고지대에는 동서로 180킬로미터, 남북으로 60킬로미터에 이르는 이식쿨 호수가 있다. 세계적으로 산지에 형성된 호수 가운데 남미의 티티카카 호수 다음으로 넓은 면적을 자랑하는 이식쿨 호수는 람사르협약에 따라 보호받는 물새 서식지이자 유네스코 생물권 보전지역이다. 키르기스어로 '이식쿨'은 따뜻한 호수라는 뜻이다. 해발 1600미티 고지데의 호수가 따뜻할 리 없으나, 톈산 산맥에서 흘러드는 100여 개의 물줄기 중에는 만년설이 녹은 물뿐만 아니라 온천수도 포함되어 있으며 물의 염도가 높아 추운 겨울에도 잘 얼지 않는 특성이 있다.

옛 소련 시절, 15개 공화국은 풍광이 아름다운 곳마다 러시아 특유의 치료형 휴양소(사나토리움)가 지어졌으며, 이식쿨 호수 북쪽에는 촐폰아타라는 휴양 도시에 여러 개의 사나토리움이 자리하고 있다. 촐폰아타는 '금성(샛별) 아버지'라는 뜻이다. 촐폰아타

사나토리움이 몰려 있는 촐폰아타 인근의 풍경과 고대 암각화

근처에는 수천 점의 고대 암각화가 남아 있어, 기원전부터 이 지역이 인류의 거주지로 적합했음을 알 수 있다. 카자흐스탄의 알마티(알마-아타)가 남쪽으로 톈산 산맥에 안겨 있는 데 반해 키르기스스탄의 촐폰아타는 북쪽으로 톈산 산맥을 등지고 있으며, 두 도시 간의 직선거리는 수십 킬로미터에 불과하지만 톈산 산맥에 의해 차단된 지형이라 서로 왕래하기는 힘들다.

이식쿨 호수 동쪽 기슭에는 키르기스스탄에서 가장 인기 있는 관광 도시인 카라콜이 자리하고 있다. 그 남쪽으로는 톈산 산맥 트레킹을 즐길 수 있는 알라쿨 패스 트레킹 코스가 있다. 이곳에서 출발하여 알라쿨 호수를 지나 산중 온천을 즐길 수 있는 알틴 아라샨까지 이어진다.

동쪽으로 더 가면 칸텡그리산이 나타난다. 삼각뿔 만년설 피라미드를 이루고 있는 칸텡그리산의 정상은 키르기스스탄, 카자흐스탄, 중국이 만나는 지점이기도 하다. 또한 해발 7000미터 이상의 고산들 가운데 두 번째로 높으며 가장 북쪽에 있다. 그러나 육안으로는 톈산 산맥 최고봉인 포베다산과 구별하기 어렵고, 삼각뿔을 이루고 있는 칸텡그리산 정상의 압도적인 위용 그리고 하늘신(텡그리)과 통치자(칸)의 전설 때문에 측량 기술이 발달하기 전까지 최고봉으로 여겼다고 한다.

톈산 산맥 동북쪽 신장: 준가르 분지와 알타이 산맥

예로부터 중국과 서역을 잇는 교역로는 톈산 산맥 북쪽으로 우회하는 톈산북로와 남쪽으로 우회하는 톈산남로가 있었다. 톈산북로에 속하는 신장웨이우얼 자치구 지역이 준가르 분지에 자리하고 있는데, 이곳은 원래 준가르 제국의 활동 거점이었다. 오늘날 준가르 분지는 남쪽의 타림 분지와 함께 신장웨이우얼 자치구로 묶여 있지만, 주민의 언어와 혈통을 보면 서몽골 민족과 투르크 민족으로 나뉜다.

준가르 분지는 '대양으로부터 가장 멀리 떨어져 있는 내륙 지대Continental pole of inaccessibility'로 알려진 곳이다. 분지 그 자체가 거대한 퇴적층으로, 1955년 원유 탐사 이후 중국 서부에서는 가장 큰 유전지대로 부상했으며 원유 외에도 금, 구리, 철, 석탄 등이 풍부하다.

자치구의 수도 우루무치는 준가르 분지 남쪽 끝 톈산 산맥과 맞닿은 곳에 자리하고 있다. 중화인민공화국 성립 당시만 해도 우루무치는 인구 5만을 겨우 웃도는 소도시였으나 1955년 신장웨이우얼 자치구가 성립하면서 수도로 지정되자 10년이 못 되어 인구가 10배로 늘고 공업 단지가 들어서는 등 급격히 발전했다. 현재 우루무치의 인구는 400만이 넘으며 중앙아시아와 유럽을 겨냥한 교역 및 교류의 중심지가 되어 있다.

준가르 분지 북쪽으로는 러시아, 몽골, 카자흐스탄, 중국 영토를 거쳐 비스듬히 자리한 알타이 산맥이 있다. 그런 까닭에 4개국에는 저마다 알타이 산맥을 낀 국립공원이 형성돼 있다. 카자흐스탄 알타이에는 카자흐스탄에서 가장 큰 국립공원인 카톤-카라가이 국립공원이 있고, 몽골 알타이에는 알타이 타반-보그드 국립공원, 러시아 알타이에는 알타이 국립 자연생태 보호구역과 사일류겜스키 국립공원 등이 있다. 중국의 아러타이阿勒泰 지구에

벨루하산의 위치

는 신장 카나스 국가(국립) 지질공원이 있다. 산간 곳곳에는 소수 민족이 사는 작은 마을들이 있어 알타이의 거울 정취를 체험하려는 여행자들의 발길이 늘고 있다.

알타이 산맥의 최고봉은 러시아 영토에 속한 벨루하산으로, 해발 4500미터와 해발 4400미터의 쌍봉을 이루고 있다. 벨루하산과 알타이 산맥에서 가장 큰 호수 알틴쿨(러시아어 이름은 텔레츠코예 호수)을 끼고 있는 지역은 이른바 '알타이 황금 산맥'으로, 스키타이 문화를 포함한 다양한 문화유산과 눈표범 등의 보호종 동식물, 여러 호수와 강, 빙하 등이 자연문화유산으로 보존되고 있다.

톈산 산맥 동남쪽 신장: 역사적 교역로의 거점들

톈산 산맥 동남쪽 땅은 신장웨이우얼의 타림 분지로, 타클라마칸 사막이 분지의 내부를 이루고 있다. 사막의 길이는 동서로 1000킬로미터 남북으로 400킬로미터에 달하며, 웨이우얼 사람들은 이곳을 '들어가면 나올 수 없는 곳'으로 여겼다. '버려진 곳'이라는 뜻의 타클라마칸 사막의 동북쪽에는 지면이 해수면보다 낮고 지열이 높기로 유명한 투루판吐魯番이 있다. 예로부터 투루판에서는 식수와 경작용수로 쓰기 위한 특이한 수로를 개발했다. 즉 여러 곳에 우물을 판 다음 지하로 굴을 뚫어 우물을 연결하는 방식으로, 이것을 페르시아어로는 '카리즈Kahriz'라 하고 웨이우얼어로는 '카레즈Karez'라 한다. 일조량이 풍부한 곳에서 이러한 관개 시스템으로 재배한 투루판의 포도는 당도가 매우 높은 것으로 유명하다. 사막의 동쪽에는 불교 순례자들이 지나다녔던 둔황이 있고, 그 위쪽으로는 고비사막이 이어진다.

톈산남로는 톈산 산맥 남쪽과 타클라마칸 사막 사이를 횡단하는 길이다. 즉 타클라마칸 사막 북쪽의 아크수를 지나 서쪽 교역로의 중심지인 카슈가르로 이어진다. 아크수는 키르기스스탄의 이식쿨 호수를 등지고 동남쪽에 자리한 지역으로, 강수량은 적지만 톈산 산맥의 만년설 녹은 물이 아크수강의 상류를 이루고 있다. 아크수는 '희고 깨끗한 물'을 뜻하는 투르크어로, 지명 자체가

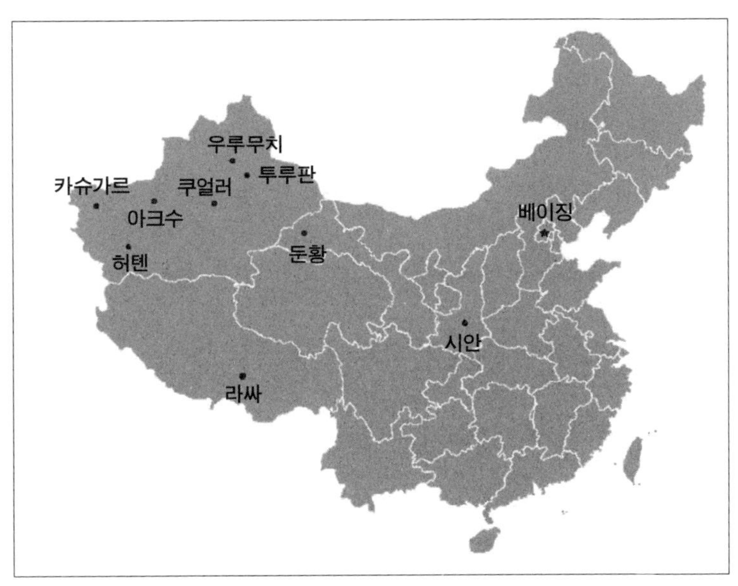

신상웨이우일의 주요 도시가 왼쪽에 몰려 있다.

물과 관련이 깊다. 이곳에는 중국의 서쪽 변경 공군과 육군 기지가 배치되어 있다.

텐산북로와 텐산남로 외에 또 다른 교역로도 있다. 타클라마칸 사막 남쪽과 쿤룬 산맥 사이로 우회하여 서쪽으로 이어지는 서역남로다. 그 경로는 타클라마칸 사막 남쪽을 지나 오아시스 허톈和田을 거쳐 교역로의 요지 카슈가르에 이른다. 쿤룬 산맥의 남쪽 너머는 티베트(시짱 자치구) 지역이다. 쿤룬 산맥에서 흘러내려

허톈을 지나 북쪽으로 흘러가는 허톈강은 타클라마칸 사막 한가운데서 아크수강과 만나 사막을 가로지른다. 예로부터 서역남로는 여행자와 거주자들에게 몇 가지 이점을 주었다고 한다. 우선 쿤룬 산맥의 빙하가 녹아 허톈을 비롯한 곳곳에 오아시스를 제공하고, 남쪽의 쿤룬 산맥 경사면에 의해 뜨거운 태양을 피할 수 있는 그늘을 제공하고, 봄과 여름이면 강가에서 에메랄드 비취 등의 다양한 옥을 채취할 수 있게 했다는 것이다. 그런 까닭에 허톈과 그 주변에서는 옥 제조 산업이 번창했다.

타클라마칸 사막 서쪽에는 톈산남로 또는 서역남로를 건너온 모든 이들이 집결하는 카슈가르가 자리 잡고 있다. 동서 교역로의 중심지인 카슈가르 남쪽으로 힌두쿠시 산맥, 카라코람 산맥의 카슈미르를 통과하는 노선이 오늘날 중국과 파키스탄을 잇는 카라코람 하이웨이다. 앞서 설명한 바와 같이, 중국이 동중국해와 남중국해를 통한 바닷길을 이용할 수 없는 경우 파키스탄의 항구를 통해 바다(아라비아해)로 진출할 수 있도록 설계한 도로다.

파미르 고원: 세계의 지붕이자 산맥들의 매듭

키르기스스탄의 남쪽, 타지키스탄의 동부 영토는 파미르 고원이다. 거대한 지각변동에 의해 형성된 파미르 고원은 해발 7000미터 이상의 고산준령 예닐곱 좌에 떠받쳐져 있는 형국이다.

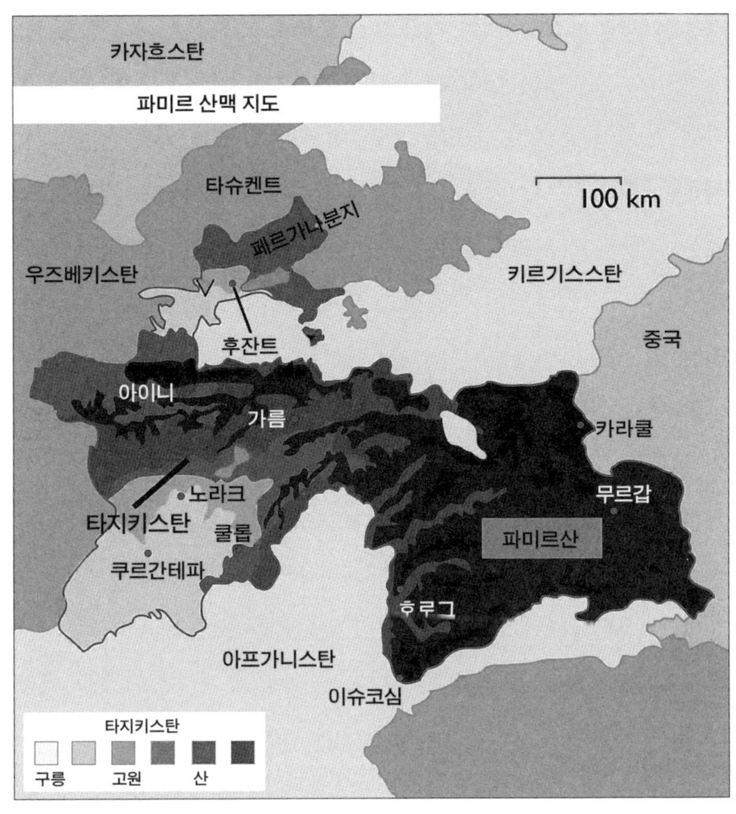

파미르 고원의 지형

고원 북쪽으로는 톈산 산맥이 지나고, 동쪽으로는 중국의 쿤룬 산맥, 남쪽으로는 아프가니스탄·파키스탄·인도를 끼고 있는 힌 두쿠시 산맥과 카라코람 산맥에 둘러싸여 있다. 그런 까닭에 '산맥들의 매듭'이자 '세계의 지붕'이라 불리고 있다.

파미르 고원에는 1000여 곳의 빙하 지역이 있고 수백 개의 호수와 강물이 흐르며, 눈표범 등을 비롯한 희귀 동물과 식물이 자생한다. 타지키스탄 국토 면적의 거의 절반을 차지하는 파미르 고원은 극한의 기후환경 때문에 소수의 유목민만이 살아가고 있으며, 타지키스탄 국민이 사용하는 타지크어와는 다른 파미르의 언어를 구사한다.

타지키스탄의 수도 두샨베는 서부에 치우쳐 있으며, 파미르스키 트락트 도로(M41)가 동쪽 파미르 고원까지 연결되어 있다. 두샨베 지역은 원래 토요일(페르시아어로 샨베Shanbe)의 다음다음날(두Du, 즉 월요일)에 열리는 시장으로 유명했는데, 이것이 도시 이름으로 정착됐다. 소련 시대에는 수십 년간 스탈린의 이름을 딴 '스탈리나바트Stalinabad'라고 불리다가, 독립 후에 제 이름을 되찾았다.

타지키스탄의 국립공원으로 지정된 파미르 고원 지대에서 북쪽으로 향하면 키르기스스탄 국경 안쪽으로 거대한 카라쿨 호수를 만날 수 있다. 중국과 키르기스스탄 사이 국경의 이르케시탐 도로는 일대일로의 루트이기도 한데, 키르기스스탄 사람들은 중국 무역상들이 화물차에 싣고 왔다가 버린 컨테이너들을 재활용하여 국경지대에 노변 시장을 만들어 독특한 풍경을 이룬다. 오시는 키르기스스탄 제2의 도시로, 키르기스인과 우즈베키스탄인이 섞여 살고 있다. 예로부터 동서 교역로의 주요 도시였으며, 현재는 이르케시탐 도로를 통해 중국과 무역 활동이 이뤄지고 있다.

아랄해로 흘러드는 두 개의 강

파미르 고원에서 발원하는 아무다리야강의 상류는 타지키스 탄에서 파미르강과 판지강으로 불린다. 이 강은 타지키스탄과 아 프가니스탄의 국경선을 이루며 서북쪽으로 흐른 뒤, 우즈베키스 탄과 투르크메니스탄의 경계를 이룬다. 판지강 남쪽으로 아프가 니스탄과의 국경지대는 세계자연유산으로 보호되는 타지키스탄 국립공원이다.

타지키스탄에서 서쪽 우즈베키스탄을 거쳐 아릴 해로 흘러드는 아무다리야강의 총 길이는 2400킬로미터에 이른다. 이 물길 덕분 에 주변 지역에 목화 재배가 활성화되었으며, 소련 체제의 공산정 권에서도 아무다리야강 유역의 면화 농업이 적극 장려되었다. 아 무다리야강의 북쪽으로는 키르기스스탄 톈산 산맥에서 발원한 시르다리야강이 흐른다. 이 강의 상류에 속하는 나린강은 키르 기스스탄 이식쿨 호수 남사면을 따라 흐르며, 이후 시르다리야강 이 되어 키르기스스탄과 남부 카자흐스탄을 지나 서북쪽으로 흐 른다. 아랄해까지 총 길이는 2200킬로미터에 달하며, 시르다리야

유역도 면화 산업이 번창했다.

두 강 유역에서 생산되는 면화는 러시아와 소련 시대의 주요한 생산 품목으로, 북미 지역의 면화 산업이 원활하지 못했던 대공황 시기 등에 가장 큰 이익을 창출할 수 있었다. 소련 해체 후에는 다섯 스탄의 면직물 공장이 중국 자본에 넘어갔다. 이처럼 중앙아시아의 면화산업은 근현대의 사회 변화를 반영하고 있다.

중앙아시아 면화 산업의 가장 큰 문제는 '물'이다. 파미르 고원과 톈산 산맥에서 발원하여 서북쪽으로 흐르는 아무다리야강과 시르다리야강에서 물길을 끌어와 면화를 재배하고 가공 생산하기 위해 나라마다 댐과 운하를 건설하다보니 물줄기가 마르는 현상을 초래했고, 급기야 두 강의 종착지인 아랄해까지 이어지지 못하게 되었다. 이에 더해 아프가니스탄 상류에 건설한 운하도 하류 수량 감소에 영향을 주었다. 하류에 이르면 이미 강이 말라버려 아랄해가 사막화되고 있는 실정이다. 장장 2000킬로미터 이상의 물길을 자랑하던 아무다리야강과 시르다리야강의 위용은 어느덧 과거의 일이 되었다. 세계에서 네 번째로 큰 호수였던 아랄해 역시 수량 감소에 따라 염도가 급작스레 높아진 탓에 호수에 서식하던 철갑상어와 토착 어류가 사라졌다.

아랄해 남부, 아무다리야강 하류를 중심으로 번성한 지역은 호라즘Khwarazm이다. 화레즘Khwarezm, 호레즘Khorezm 등으로도 불리는 이 지역에서는 기원전부터 인류가 살았던 흔적이 발견되었으며 이란(페르시아)계, 투르크계 등 여러 종족이 교대로 또는 뒤섞여 거주해왔다. 칭기즈칸의 정복 이전, 이곳에는 이슬람 계통의 호라즘 왕국이 건설되기도 했다. 그 거점도시는 현재 투르크메니스탄의 다쇼구즈Dashoguz로, 11~16세기의 다양한 유적을 간직하고 있다. 칭기즈칸 시대 이후에는 우즈베키스탄 민족이 세운 칸국이 수백 년간 역사를 이어갔다. 이 칸국은 우즈베키스탄 칸국에서 갈라진 세 개의 칸국 가운데 히바 칸국으로, 나머지는 더 동쪽의 부하라 칸국과 코칸트 칸국이다. 히바 칸국의 중심도시는 히바Khiva(또는 Xiva)인데, 히바 칸국이라는 명칭에 대해서는 다소 논란이 있다. 이 명칭은 제정러시아가 이 지역을 점령했을 때 공식화되었으나 일각에서는 수백 년 동안 술곧 '호라즘 간국'으로 불렸다는 주장이 제기됐다. 어쨌든 소련 시대에는 '호라즘 인민소비에트공화국'으로 정해졌고, 종국에는 우즈베키스탄 소비에트사회주의공화국의 일부가 되었다.

소그드 무역인의 땅 소그디아, 트란스옥시아나

아무다리야강과 시르다리야강 사이의 소그디아(소그디아나) 지역은 기원전부터 이란(페르시아)계 민족이 거주했고, 마케도니아의 알렉산드로스가 점령한 뒤에는 헬레니즘 제국이 들어섰다. 앞서 말했듯이 마케도니아인은 옥소스강(아무다리야강) 건너 시르다리야강 사이에 위치한 소그디아 지역을 트랜스옥시아나 Transoxiana라 이름지었다. 기록에 따르면 알렉산드로스 대왕이 발칸, 중동, 페르시아, 이집트 등지를 정복한 후 인도 지역으로 진출할 때 소그디아 출신 여인 록사나를 아내로 맞이하여 페르시아식으로 혼인을 치렀으며 둘 사이에서 2세가 태어났다. 이는 헬레니즘 시대의 시작을 알리는 상징적인 사건이다.

고대 실크로드 교역이 시작된 이래 소그드인들은 동서 중개무역과 장사를 주도했으며, 이로 인해 동서양에 널리 '소그드 무역인Sogdian traders'으로 알려진다. 후한 때부터 이들은 자연스럽게 중국 땅에 진출하기 시작했으며 단기 및 장기적으로 중국에서 체류했다. 고대에 중국인은 소그디아를 '안국安國'이라 부르거나 '속특粟特(쑤터)'이라 지칭했다. 당나라 때 반란을 주도하여 당나라 멸망의 단초를 제공한 안녹산安祿山은 소그드인 아버지와 돌궐인 어머니 사이에서 태어났으며, 안씨 성은 안국이라는 명칭에서 기인한 것으로 보인다.

소그드 땅의 핵심도시는 사마르칸트와 부하라다. 아무다리야강의 지류인 제라프샨강은 타지키스탄 땅을 적시고 지금의 우즈베키스탄의 사마르칸트와 부하라를 지나 본류인 아무다리야강으로 흘러든다. 소그드 땅을 적신다는 뜻에서 수그드강이라고도 했다.

제라프샨강이 타지키스탄에서 서쪽 우즈베키스탄 영토로 흘러들기 직전에 사라즘 지역을 지나는데, 이곳에는 고대 문명의 흔적이 남아 있다. 현재는 타지키스탄 영토지만 넓게 보면 사마르칸트 유적지라 할 수 있다. 사마르칸트는 과거 다섯 스탄을 정복한 모든 제국이 거쳐간 도시로, 유네스코는 '수많은 문명의 교차로 Crossroad of Cultures'라는 제목으로 세계문화유산으로 지정했다. 사마르칸트 남쪽의 샤크리스얍즈에도 15세기 티무르 왕조의 전성기를 보여주는 기념물들이 남아 있다.

사마르칸트는 이란(페르시아)계 종족과 타지크어가 주류를 이루고 있지만, 소련에 의해 우즈베키스탄의 영토가 된 이후로 타지크어와 우즈베키스탄어가 함께 쓰이고 있다. 기원전 3세기 알렉산드로스 대왕이 점령했을 때 사마르칸드는 미리칸다라고 불렸다. 페르시아어로 '사마르'는 돌을 뜻한다. 우즈베키스탄의 수도 타슈켄트 역시 '타슈'가 돌을 뜻하는 투르크어로, 사마르칸트와 타슈켄트 모두 '돌의 도시'라는 뜻이다. 소비에트연방 이후 초기 우즈베키스탄공화국의 수도는 사마르칸트였다가 나중에 타슈켄트로 변경되었다.

사마르칸트의 옛 도심 아프라시압에서 발굴된 7세기 무렵의 벽화는 당시 동서양 교류가 얼마나 활발했는지를 대변해준다. 13세기 몽골군의 초토화 속에서도 살아남은 이 벽화에는 페르시

아인, 인도인 등의 세계인들과 함께 고구려인으로 추정되는 인물
이 묘사되어 있다. 당시 고구려는 당나라와 긴장 관계에 있었음
에도 불구하고 중앙아시아와 교류했음을 알 수 있다.

　사마르칸트는 14세기 무렵 등장한 티무르 제국에 의해 재건되
었다. 특유의 청록색 돔과 모자이크로 장식된 궁전, 웅장한 이슬
람 사원과 학교(마드라사) 건축물이 당시 제국의 위용을 대변한
다. 대표적인 예가 사마르칸트 도시의 중심에 있는 레기스탄 광장

사마르칸트 아프라시압 벽화와 형태 복원 모습

158

레기스탄 광장

이다. 청색과 황색 타일을 입힌 세 개의 마드라사가 대칭형으로 자리 잡고 있으며 광장 바닥은 아름다운 문양으로 장식되어 있다. 해외 국빈이 방문했을 때 가장 우선적으로 관람하는 곳이 바로 레기스탄 광장이다. 그 밖에도 사마르칸트에는 기원전 4세기 성곽의 흔적이 남아 있다.

부하라는 사마르칸트에서 서쪽으로 200킬로미터 거리에 있다. 우즈베키스탄 칸국은 사마르칸트와 부하라를 돌아가며 수도로 삼았다. 나중에 우즈베키스탄 칸국은 히바 칸국, 부하라 칸국,

코칸드 칸국으로 분열되었으며, 이후 19세기 들어 외세의 침략을 물리치지 못했다. 부하라는 부하라 칸국과 부하라 아미르국의 거점도시였다.

부하라 역시 사마르칸트처럼 이란(페르시아)계 종족과 언어(타지크어)를 기반으로 한 문화가 대세를 이루었으나, 소련이 이 도시를 우즈베키스탄의 영토로 편입시킨 까닭에 타지크어와 우즈베키스탄어가 함께 쓰이고 있다. 2000년이 넘는 역사를 간직하고 있는 부하라에는 중앙아시아 중세 도시의 웅장한 건축물을 볼 수 있다. 10세기 이슬람 건축의 걸작인 이스마일 사마니의 묘, 12세기 모스크의 미나렛(첨탑), 17세기의 이슬람 마드라사(교육기관) 등이 대표적이다.

부하라의 건축물들

삼태극의 페르가나, 자라투스트라의 박트리아

카슈가르에서 서쪽으로 고개를 넘은 다음 북쪽으로 향하면 역사적인 페르가나 지역이 자리하고 있다. 페르가나의 지형은 북쪽과 남쪽이 높고 긴 산악지대이고 그 사이에 동서로 긴 계곡이 이어진 형태다. 나린강과 카라다리야강이 이곳을 흐르다가 하류에서 만나 시르다리야강을 이룬다. 오래전부터 이곳에서는 많은 인구가 거주했으며 강물에 의지하여 면화를 비롯한 다양한 작물을 재배하고 가축을 길렀다.

페르가나 지역은 오래전부터 다섯 스탄이 차지하려 다투던 땅으로, 20세기 초반에 소련은 이 지역의 경계를 획정할 때 우즈베키스탄, 키르기스스탄, 타지키스탄 공화국의 영토로 쪼개었고, 당시 그어진 경계선이 소련 해체 후 세 나라 간의 국경선이 되었디. 이 국경선은 마치 삼태극 문양처럼 맞물려 있는 듯 복잡하기 이를 데 없다. 게다가 이곳에는 자국 영토지만 타국 땅을 거쳐야만 진입할 수 있는 고립영토(월경지)도 산재해 있어 세 나라 간 분쟁의 화근이 되었다.

페르가나 지역에서 우즈베키스탄에 속하는 도시는 무슬림 소요가 발생했던 안디잔과 코칸트 칸국의 거점이었던 코칸트 등이다. 코칸트에는 칸의 왕궁, 모스크, 마드라사들을 볼 수 있다. 키르기스스탄에 속하는 도시는 우즈베키스탄인 거주자와 키르기스인 거주자 간 분쟁이 발생했던 오시와 잘랄아바트 등이다. 예로부터 사람들은 오시에 있는 술라이만투산에 영험한 효력이 있다고 믿어 여러 종교의 예배당 유적이 있으며 곳곳에 암각화와 동굴유적 등이 있다.

페르가나 계곡을 서쪽으로 빠져나오면 우즈베키스탄의 수도 타슈켄트가 나타난다. 타슈켄트는 제정러시아 시절 투르키스탄 총독부 도시로, 다섯 스탄을 관할하는 중심지였다. 소련 시절에도 모스크바, 상트페테르부르크(레닌그라드), 키예프(키이우)에 이어 소련에서 네 번째로 큰 도시로 손꼽혔다. 지리상으로도 다섯 스탄의 중심에 위치하여 이곳을 중심으로 카자흐스탄의 알마티와 쉼켄트, 키르기스스탄의 수도 비슈케크, 타지키스탄의 수도 두샨베, 신장 카슈가르, 아프가니스탄 수도 카불 등의 도시가 동심원처럼 퍼져 있다.

동서 교역로의 거점도시 카슈가르에서 서쪽으로 다섯 스탄 지역으로 고개를 넘은 뒤 북쪽으로 향하면 페르가나이고, 남쪽으로는 힌두쿠시 산맥과 아무다리야강 사이에 역사적인 땅 박트리아가 있다. 박트리아는 이란(페르시아)계 민족종교로 알려진 고대 조로아스터(자라투스트라)교의 창시자 자라투스트라가 태어난 지역으로, 지금의 우즈베키스탄 남부와 아프가니스탄 북부에 걸친 지역이다. 알렉산드로스 대왕에 의해 중앙아시아 지역이 정복된

후 헬레니즘 왕국들이 할거할 무렵 이 지역에는 그리스(그레코)-
박트리아 왕국이 기틀을 닦았다.

우즈베키스탄 남쪽 끝 아무다리야강 상류에는 테르메즈가 있
다. 테르메즈는 그리스어로 '열기' 또는 '뜨거움'을 의미하며, '열
Thermo'의 어원과 연관이 있다고 한다. 테르메즈의 남쪽은 아프가
니스탄과 맞닿은 접경으로, 국경을 넘어가면 한때 융성했던 도시
발흐가 있다. 현재는 아프가니스탄 영토이지만 우즈베키스탄인과
타지크인이 많이 거주하고 있다. 그리스, 페르시아, 인도 등에서는
박트로스, 박트라, 바흘로, 발크 등으로 불린 것으로 볼 때, 이 지
역은 고대로부터 박트리아 영토였음을 말해준다.

카스피해와 투란의 사막지대

카자흐스탄 서쪽에는 철갑상어 알의 주산지로 유명한 카스피
해가 있다. 카스피해와 흑해 연안에 사는 사람들은 전부터 철갑
상어 알(러시아 사람들은 '초르나야 이크라'라고 부른다) 요리를 즐겼
다. 그러나 카스피해를 특징짓는 가장 중요한 요소는 천연자원이
다. 카스피해 주변 사막지대에는 석유와 천연가스가 매장되어 있
어 카스피해 연안국을 천연자원국으로 만들어주었다.

카스피해의 동쪽이자 아랄해 동쪽으로 펼쳐진 사막지대로는
카자흐스탄·우즈베키스탄·투르크메니스탄까지 이어지는 키질쿰

사막지대가 있다. 무려 동서로 1500킬로미터에 달하는 사막으로, '키질쿰'이란 붉은 모래를 뜻한다. 투르크메니스탄에 속한 카라쿰 사막지대는 독특한 기암 지대와 토양층을 품고 있으며 혹서와 혹한의 기후에도 불구하고 다양한 동식물이 자생하고 있어 '투란의 차가운 겨울 사막'이라는 별칭이 따른다. '투란'은 예로부터 페르시아 사람들이 카스피해 동쪽 지역을 일컫는 명칭이다.

카라쿰 사막 한가운데 위치한 다르바자에는 1970년대부터 수십 년 넘도록 불이 꺼지지 않는 가스 분화구가 있다. 시추 작업 중 분출된 가스를 제거하기 위해 불을 붙인 것이 꺼지지 않은 것으로, 거대한 불길을 보기 위해 많은 사람이 찾는 관광 명소가 되었다.

투르크메니스탄의 수도 아시가바트는 국토 남부에 치우쳐 있으며, 이란 국경까지는 50킬로미터 떨어져 있다. 그리고 수도의 남쪽을 가로지르는 투르크멘-호라산(코페트다그) 산맥이 투르크메니스탄과 이란을 경계 짓고 있다. 역사적으로 아시가바트는 동쪽 지역과 페르시아(이란)를 잇는 교역로 그리고 북쪽의 러시아와 페르시아(이란)를 잇는 교역로의 십자로 지점으로, 그 중심지는 아시가바트의 니사 지역이다. 이곳에 남아 있는 요새 유적지는 기원전 3세기부터 기원후 3세기까지 지배한 파르티아 제국 당시 건설된 것으로, 고대 그리스·로마와 교류한 흔적이 짙게 남아 있다.

아시가바트의 도시 전경

아시가바트의 특징이라면 소련 해체 이후 도시 내 모든 건축물의 외관이 흰색 대리석으로 지어져 있다는 것이다. 정치적으로는 초대 대통령 니야조프는 자신에게 '투르크멘바시(투르크멘의 머리)'라는 칭호를 붙이고 숭배를 강요하는 등 독재 시기를 거쳤다.

카스피해 연안에는 투르크멘바시라는 항구도시가 있다. 제정 러시아 이후 트란스-카스피안 철도의 기점이었던 이 도시는 원래 '크라스노 보드스크'라 불렸으나 독립 이후 니야조프 대통령이 '투르크멘바시(투르크멘의 머리)'로 바꾸었다.

투르크메니스탄을 통과하는 아무다리야강 유역의 투르크메나바트는 옛 동서 교역로의 한 지점으로, 현재는 우즈베키스탄의 부하라와 그 서북쪽의 히바 그리고 투르크메니스탄의 마리로 향하는 교차로다. 서남쪽에 있는 마리 역시 수천 년간 페르시아 교역로를 잇는 오아시스 도시였으며, 옛 도시인 메르브의 문화유산을 품고 있다.

과거 메르브는 마르기아나와 호라산의 거점도시였다. 호라산 지역은 다섯 스탄에서 페르시아로 넘어가는 마지막 기착지로, 현재의 투르크메니스탄 동부를 중심으로 우즈베키스탄, 이란, 아프가니스탄에 걸쳐 있다. 페르시아어로 '호라산'이라는 이름은 '해 뜨는 곳'이라는 뜻으로, 페르시아(이란)의 동쪽에 있어 생겨난 명칭이다.

기원전 2세기부터 인류가 중앙아시아에서 개척해온 교역로는 오늘날 제라프샨-카라쿰 회랑 실크로드를 통해 동서남북으로 연결되고 있다. 그 중간 기착지를 살펴보면 카슈가르에서 서쪽으로 톈산 산맥을 넘었을 때 북쪽으로는 페르가나, 남쪽으로는 박트리아, 서쪽으로는 제라프샨강을 따라 사마르칸트로 연결된다. 또한 사마르칸트에서 서남쪽으로 나아가면 부하라, 투르크메나바트, 마리를 통해 페르시아에 입성한다.

11.
다섯 스탄의 정체성

스탄

'스탄'은 나라를 뜻하기도 하지만 특정 지역을 의미하기도 한다. 다섯 스탄 지역은 6세기 이후 돌궐족(투르크족)이 서진하면서 투르크화가 광범위하게 이루어졌고, 페르시아 사람들은 이 지역을 '투르키스탄'이라고 부르기 시작했다. 이런 연원으로, 러시아가 다섯 스탄을 점령하고 거점지에 투르키스탄 총독부를 세웠다. 나중에 신장 지역을 '동투르키스탄'으로 부르게 되면서 상대적으로 다섯 스탄 지역은 '서투르키스탄'이라 불리기 시작했다. 애초에 페르시아(이란) 사람들은 현재의 신장 지역을 중심으로 카자흐스탄과 키르기스스탄의 동쪽 일부를 포함하는 지역을 모굴리스탄이라 했다. 페르시아어로 '모굴'은 몽골이란 뜻이므로 투르크화된 몽골인들이 모여 사는 땅을 일컫는다.

16세기부터 300여 년간 인도의 광대한 지역을 통치한 무굴 제국은 '모굴'과 관련이 깊다. 즉 다섯 스탄의 페르시아 문화권에서 태어나 투르크어를 사용하는 정체성을 지닌 몽골 혈통이 아대륙으로 내려가 세운 나라가 무굴 제국이며, 인도 민중은 지배계급을 무굴이라 불렀다. 무굴 제국은 원래 이슬람교였으나 힌두교와 융화되어 국호를 '힌두스탄'이라 정하기도 했다.

우즈베키스탄 서부 아무다리야강 하류에는 1925년 카라칼파크 소수민족이 세운 카라칼파크스탄 자치공화국이 있다. 카라칼파크란 '검은 모자를 쓴 종족'이라는 뜻으로, 이들은 주로 아무다리야강 하류와 아랄해 인근 지역에서 면화를 재배해왔으나 강수량이 줄어들고 아랄해가 고갈됨에 따라 주변 지역이 사막화되자 (이제 아랄해는 '아랄 사막'이라 불린다) 거주의 곤란을 겪고 있다.

그 밖의 '스탄'으로는 다음과 같은 지역을 들 수 있다. 웨이우얼인의 땅을 뜻하는 위구리스탄, 서아시아 여러 나라에 흩어져 살고 있는 쿠르드족의 땅을 뜻하는 쿠르디스탄, 러시아 영토에 속하는 무슬림의 땅 다게스탄·타타르스탄·바시코르토스탄, 파키스탄과 붙어 있는 인도의 라자스탄 등이다.

소비에트 사회주의공화국에서 독립한 다섯 스탄 국가는 국명에 '스탄 공화국'을 포함했으나, 유일하게 투르크메니스탄은 '공화국'을 붙이지 않았다. 최근에는 투르크어 계열 언어를 사용하는 나라 가운데 국명에서 '스탄'을 지우는 경향을 나타나고 있는데, 가장 먼저 실천한 나라는 키르기스스탄이다. 카자흐스탄도 국명을 '카자흐 옐르'로 바꾸기 위해 여론을 수렴했다. 카자흐어로 '옐르Yeli'란 국가를 의미한다.

얼굴로 구분이 가능할까?: 유라시안의 탄생

다섯 스탄 국가를 처음 방문한 한국인은 우리와 생김새가 비슷한 현지인들이 많다는 사실에 놀라곤 한다. 특히 몽골로이드 혈통이 많은 카자흐스탄이나 키르기스스탄에 가면 코카소이드 혈통이 많은 다른 스탄 국가보다 상대적으로 친숙한 느낌을 받곤 한다. 물론 카자흐스탄에는 슬라브 민속노 직지 않다. 지리상 러시아와 가장 가까운데다 소련 시절 직할 공화국으로 취급되었으며 과거에 러시아인들이 카자흐스탄으로 집단 이주한 적도 있기 때문이다.

다양한 종족과 그 혼종의 역사를 보고 싶다면 다섯 스탄에 가볼 것을 추천한다. 기본적으로 다섯 스탄 나라들에서는 몽골로이드와 코카소이드의 혈통에서 파생된 다양한 종족이 있어 그만큼 다양한 외모의 현지인들을 만날 수 있다. 유라시아 대륙에 존재하는 여러 민족이 오랜 세월에 걸쳐 중앙아시아 지역에서 접촉하는 과정에서 더욱 다종다양한 종족으로 늘어났음을 실감할 수 있다. 따라서 겉모습만 봐서는 어느 나라 사람인지 구분하기 어렵다.

기원전 수천 년경 다섯 스탄 지역에는 여러 씨족이 있었고 그 씨족들이 부족 연합체를 이루며 살았다. 고대 다섯 스탄 지역에 살았던 사람들은 대개 이란계였다. 이들은 스키타이족, 호라즘족, 소그디아족 등과 같이 각각 유라시아 대륙 곳곳에 흩어져 집단을 형성해 살았다. 스키타이족의 경우 코카서스 산맥의 북쪽 평원을 중심으로 흑해 북쪽의 평원과 크림반도, 카스피해 주변과 다섯 스탄 평원에 넓게 퍼져 있었다. 이 밖에 우리에겐 다소 생소한 킴메르족, 마사게타이족, 사르마티아족, 이아지게스족 등의 이란계 부족도 있다.

고대 이란계 부족들이 지금의 이란 땅에 정착한 시기는 기원전 1500년경~기원전 1000년경으로 추정되고 있다. 뒤집어 말하자면 이전까지는 다수의 이란계 종족이 여러 지역에 흩어져 살았다는 뜻이다. 다섯 스탄 지역에 정착한 이란계 종족은 환경과 생활방식에 따라 두 부류로 나눌 수 있다. 한 부류는 강 유역과 오아시스에 정착한 이들로, 아무다리야강과 시르다리야강 사이의 소그디아와 그 주변 또는 아무다리야강이 아랄해로 흘러드는 삼각주 지역(호라즘)에 살았다. 다른 부류는 초원지대에 거주한 유목민으로, 이들은 여러 동물 가운데 말과 양을 가장 큰 자산으로 삼았다. 특히 말을 사육하면서부터는 활동 범위가 매우 넓어졌으며, 동물의 뿔과 힘줄로 만든 강력한 활을 사용하기 시작했다. 그들은 달리는 말 위에서 화살을 쏘는 방식으로 사냥하거나 전투를 벌였으며, 한곳에 머물지 않는 유목민의 특성상 이동 가능한 천막 형태의 주거방식을 개발했다. 투르크어로는 유르트Yurt, 몽골어로는 게르Ger라고 하는 이 천막집은 강한 바람과 추위에 견딜 수 있으며 조립과 해체가 쉽고 간단하도록 설계되었다.

유목민과 정주민의 관계에 대한 역사학계의 견해는 차이가 있다. 유목민은 언제나 강력한 전투력으로 정주민을 약탈해온 존재로 규정하는 시각이 있는가 하면, 기본적으로 유목민은 생활이 풍족한 편이었기 때문에 필요로 하는 품목을 정주민과 교환하는 식으로 공생했다는 시각도 있다. 둘 중 어느 쪽 주장이 맞는다기보다는 두 가지 상황이 맞물려 있었다고 보는 게 타당할 것이다. 오랜 세월을 거쳐오는 동안 일부 지역에서는 정주와 유목을 병행하는 혼합 생활이 이루어지기도 했다.

페르시아와 헬레니즘의 혼합: 유라시아 문화의 탄생

다섯 스탄 지역을 최초로 점령한 페르시아 왕조는 기원전 7세기에 건설된 아케메네스 제국(제1 페르시아 제국)으로, 약 200여 년간 현재의 이라크 바그다드 남부(바빌론)와 이란 시라즈 주변(페르세폴리스와 파사르가다에), 테헤란 서부(엑바타나와 수사) 등을 중심으로 번성했다. 전성기에는 발칸 반도 일부, 튀르키예, 이집트, 레반트 지역과 아라비아 반도 일부, 다섯 스탄 지역에 이르기까지 영토를 확장했다. 다섯 스탄 지역에서 아케메네스 제국의 핵심지는 박트리아와 소그디아 등의 정주 지역이었다.

기원전 3세기에 마케도니아의 알렉산드로스에 의해 아케메네스 제국의 수도 페르세폴리스가 함락된 후, 제국의 패권은 마케도니아로 넘어갔다. 알렉산드로스는 이집트와 페르시아를 아우르는 대제국을 건설한 뒤 페르시아 본진을 거쳐 다섯 스탄의 박트리아와 소그디아까지 정복했다. 기원전 2세기 중반, 박트리아를 중심으로 건설된 그리스-박트리아 왕국(또는 그레코-박트리아 왕국)은 소그디아, 페르가나 등 당시 다섯 스탄의 주요 정주 지역을 다스렸다. 이들 지역에서 헬레니즘 문화가 시작되어 이탈리아, 아프리카, 인도 곳곳으로 전파되었다. 비슷한 시기에 아르메니아, 이라크 등의 메소포타미아 지역을 기반으로 성립한 파르티아 왕국이 다섯 스탄 지역을 지배했으며, 페르시아와 헬레니즘의 유산이 혼합된 양태를 보였다.

이후 다섯 스탄 지역은 파르티아 왕국을 멸하고 등장한 사산 제국(또는 제2 페르시아 제국)의 지배를 받았다. 사산 페르시아 제국은 '이란 사람들의 왕국'이라는 깃발 아래 다시금 거대한 페르시아 제국을 일구었다. 그러나 7세기 초 발흥한 아랍 세력에 의해 괴멸되어 이슬람 제국에 편입되었다. 그 잔존 세력에 의해 형성된 사만 왕국은 엄연한 페르시아계 왕국이었지만 기본적으로 이슬람 국가를 표방했으며, 당시의 패권인 압바스(아바스) 아랍에 저항하지 않고 사마르칸트와 부하라를 중심으로 페르시아의 문화를 부흥하고자 힘썼다.

유목 지역의 투르크화

파르티아 왕국과 사산 페르시아 제국이 다섯 스탄의 정주 지역을 지배하고 있는 동안 동북쪽에서는 투르크족이 침입하기 시작했고, 다섯 스탄의 유목민들은 투르크 문화에 흡수되기 시자했다. 대표적으로 괵투르크족은 알타이 지역과 그 동쪽인 남부 시베리아 예니세이강 유역, 몽골 일대까지 동서로 폭넓게 활동하는 종족이었다. 이들은 코카소이드 계통 민족, 투르크어를 쓰는 몽골족, 더 북쪽의 시베리아에서 남하한 종족, 동아시아에서 온 종족 등 다양한 혈통이 섞인 민족으로 추정된다. 괵투르크족은 중앙 유라시아를 종횡무진하면서 유목민족의 강력한 기동성과 영향력을 과시했고, 그로 인해 다섯 스탄에서는 한동안 투르크화가 진행되었다.

이후 다섯 스탄 지역에 영향을 끼친 투르크족은 오구즈투르크, 킵차크투르크, 카를루크(차가타이)투르크다. 이 가운데 오구즈투르크족 혈통은 훗날 투르크멘의 씨족들, 그리고 셀주크투르크, 오스만투르크, 튀르키예와 아제르바이잔 민족으로 이어졌다. 킵차크투르크족의 혈통은 키르기즈와 카자흐에 살아가는 사람들로 이어졌다. 마지막으로 카를루크투르크의 혈통은 대표적으로 우즈베키스탄과 웨이우얼 사람들로, 우즈베키스탄은 서카를루크이고 웨이우얼은 동카를루크로 구분된다.

카를루크투르크인의 일부는 다섯 스탄 지역과 카슈가르 일대에서 투르크계 카라한 왕국을 건설했으며, 다섯 스탄의 이란계 왕국인 사만 왕국을 멸망케 했다. 바야흐로 사마르칸트를 중심으로 한 정주 지역에 많은 투르크족이 유입됨에 따라 언어와 문화도 투르크화되었다. 이로써 다섯 스탄은 자연스럽게 투르크 문화와 페르시아의 문화가 공존하는 체제로 접어들었다.

6세기 이후 시르다리야강 주변에서 세력을 형성한 오구즈투르크는 바그다드의 압바스(아바스) 아랍을 물리치고 가장 강력한 이슬람 세력으로 우뚝 섰으며, 대제국 셀주크투르크 탄생의 기틀이 되었다. 셀주크투르크는 지금의 튀르키예 지역에서 비잔티움(동로마) 제국을 제압한 후 아제르바이잔 지역과 아나톨리아 반도를 공략해 새로운 주인의 등장을 만천하에 알렸다. 이후 아나톨리아 반도는 투르크족의 본거지가 되었다. 이슬람 세력을 주도하는 셀주크투르크가 동로마 제국의 턱밑까지 진출하자 유럽은 통칭 '십자군'을 소집해 전쟁을 일으켰다.

14세기 셀주크투르크가 쇠퇴하자 오구즈투르크의 후손은 현재의 튀르키예 공화국 지역에서 오스만투르크 제국을 건설했고, 1453년 콘스탄티노폴리스Constantinopolis(콘스탄티노플, 현재 튀르키예의 수도 이스탄불)를 정복하여 비잔티움(동로마) 제국을 무너뜨렸다. 이에 종교, 문자, 혼맥 등의 측면에서 발칸반도와 깊이 연결되어 있다고 인식한 러시아는 콘스탄티노폴리스의 종말을 선언함과 동시에 동로마의 유산을 이어받은 승계자를 자처했으며, 동로마 비잔티움의 쌍독수리 문장紋章을 사용하면서 '제3로마'를 자칭했다.

600년 넘게 역사를 이어온 오스만투르크 제국은 세1차세게대전의 소용돌이에 휘말려 제국의 땅 대부분을 잃고 몰락했다. 결국 옛 오구즈투르크인이 동로마 제국을 제압할 때 정복한 아나톨리아 반도에 의지해 튀르키예 공화국을 선포했다.

아랍 이슬람, 몽골, 티무르, 무굴에 이르기까지

7세기 무렵 아랍 이슬람 세력에 의해 마지막 페르시아 제국인 사산 제국이 멸망했다. 그 무렵 지금의 시리아 영토를 기반으로 일어난 우마이야 칼리파국은 북아프리카 일대를 정복하고 지브

롤터 해협을 건너 현재의 스페인 땅까지 접수했다. 나아가 8세기 초에는 동쪽으로 다섯 스탄 지역을 공략해 사마르칸트를 점령함으로써 바야흐로 광범위한 영토에서 전면적인 이슬람화가 진행되었다.

8세기 중반 우마이야 칼리파국을 압도하고 압바스(아바스) 칼리파국이 건설되었을 때 광대한 유라시아에 존재하는 아랍계, 이란(페르시아)계, 투르크계 사람들의 종교는 이미 이슬람으로 통합되었다. 다만 다섯 스탄 북부의 유목민들은 매우 더딘 속도로 개종되었으며, 톈산 산맥 너머 웨이우얼의 투르크계 사람들은 이슬람화하는 데 수백 년의 세월이 걸렸다. 그 무렵 고구려 출신 당나라 절도사인 고선지 장군이 지금의 키르기즈 영토인 탈라스를 침공하자 아바스 칼리파국은 아랍계, 이란계, 투르크계 병사가 혼합된 연합군을 동원해 당나라군을 패퇴시켰다.

11세기 아랄해 남쪽 지역에서 발흥한 호라즘 왕국은 원래 셀주크투르크 제국의 일부였는데, 거란 일족(카라 키타이)의 공격으로 셀주크투르크 제국이 멸망할 무렵 남쪽으로 세력을 확장하여 다섯 스탄 주요 지역을 차지했다. 호라즘의 거점은 아무다리야강 하류 유역으로, 현재 우즈베키스탄과 투르크메니스탄의 국경 지대인 우르겐치, 히바, 다쇼구즈 인근 지역이었다. 남쪽으로 세력을 확장하여 다섯 스탄 지역을 장악한 13세기 초, 호라즘 군주는 호

기롭게 다섯 스탄 정주 지역의 중심지 사마르칸트로 수도를 옮김
으로써 강력한 패권을 과시했다. 그러나 자신감이 지나친 나머지
당시 떠오르는 몽골 평원의 지배자 칭기즈칸의 심기를 정면으로
거슬렀다. 셀주크투르크 시대 이후 몽골이 호라즘에게 손을 내밀
어 우호적인 관계를 맺으려 했으나 호라즘 군주는 그 손길을 뿌
리쳤고, 이에 칭기즈칸은 직접 대군을 이끌고 호라즘의 부하라를
침공했다. 곧이어 칭기즈칸의 아들들은 각기 다섯 스탄의 지역
거점들, 즉 시르다리야강 중류와 아무다리야강 하류, 페르가나
지역 등을 분산 공격함으로써 사마르칸트를 포위 공격했고, 머지
않아 사마르칸트는 이들의 말발굽 아래 초토화되었다. 이후 톈산
산맥 서쪽 다섯 스탄의 주요 지역과 지금의 웨이우얼 지역에서는
칭기즈칸의 차남 차가타이가 다스리는 차가타이 간국이 세워졌
다. 이는 우즈베키스탄 중심의 서차가타이와 웨이우얼 중심의 동
차가타이로 구분하는 단초가 되었다.

차가타이 칸국의 국운이 기울어가던 14세기, 동부 지역에서
티무르가 세력을 형성했다. 티무르의 일족은 페르시아 문화권에
서 탄생한 투르크어를 사용하는 몽골계 종족으로, 유라시아 초원
의 주요 인자를 골고루 갖추었을 뿐만 아니라 군사적으로 출중한
재능을 갖췄다. 그 결과 다섯 스탄 지역을 비롯해 페르시아, 시베
리아 남부, 북인도 일부까지 정복했으며, 그 과정에서 여러 칸국

타지마할

이 티무르 제국에 복속됐다. 그리고 몽골에 의해 초토화된 사마르칸트가 재건되었다.

무굴 제국은 16세기 티무르의 후예가 인도로 남진하여 세운 나라로, 몽골계, 투르크계와 페르시아계 혈통이 결합한 민족이 인도 아대륙에 건설한 이슬람 제국이라 정의할 수 있다. 이 대제국은 19세기에 영국이 직접통치에 나설 때까지 존속했다. 무굴의 첫 번째이자 마지막 수도 아그라에 건설된 타지마할과 아그라 요새 등은 티무르 제국이 사마르칸트에서 꽃 피운 이슬람 건축미학을 고스란히 보여주고 있다.

바닷길을 개척한 유럽, 동아시아의 개방

15세기 말 티무르 제국이 쇠락의 길로 접어들 무렵 유럽은 아프리카 남단 희망봉을 돌아 최초로(이미 기원전에 페니키아인이 희망봉을 돌았다는 설도 있지만) 인도양을 항해하고 인도의 서부 해안에 가 닿았다. 세계의 바닷길이 열리면서 이른바 '대항해 시대'가 도래하자 그동안 활발했던 유라시아 대륙의 동서 교역로는 활기를 잃었고, 그 길 위에서 중개무역 등으로 이익을 보던 페르시아와 아랍 및 투르크 국가들은 큰 위협에 직면했다. 이에 따라 교역로가 지나는 다섯 스탄의 위상도 저하됐다.

유럽에서 포르투갈과 스페인이 가장 먼저 바다로 진출했고, 유럽의 마지노선이자 상징이었던 콘스탄티노폴리스마저 오스만의 오구즈투르크인에게 점령되자 유럽은 더 이상 페르시아(이란)인, 아랍인, 투르크인에게 의존할 필요가 없어졌다. 더불어 강력한 활과 기마민족의 기동성을 앞세운 유라시아 유목인의 전투력은 유럽이 편리하게 개발한 총포 앞에 무기력했다. 노끈에 불을 붙여 격발시키는 방식의 구형 총포(화승총)는 일단 장전 속도가 느리고 비 오는 날에는 총을 점화시킬 수 없는데다 점화 실수로 병사가 부상을 당하는 경우가 적지 않았다. 기마 유목민족은 이런 수준의 화승총 공격에 대해 특유의 기동성과 뛰어난 활기술만으로도 충분히 대적할 수 있었으나, 스파크 방식으로 개량된 신형 총포(수발총燧發銃)는 불씨를 지니고 다닐 필요가 없고 장전 시간이 짧아 전투를 유리하게 이끌었다.

16세기 중반 포르투갈의 배가 일본에 상륙한 후 화승총 기술을 익힌 일본은 대륙 침략을 목표로 임진왜란을 일으켰다. 그 후 네덜란드가 일본 규슈의 나가사키에 교역 마을을 설치하면서 동서양 교역이 시작됐다. 인도에 진출한 영국은 동인도 회사를 설립한 후 빠르게 식민지화에 성공했고, 러시아는 동쪽 땅을 탐사하여 캄차카 반도와 쿠릴 제도의 존재를 확인했다. 유럽인에게 유라시아 대륙은 더 이상 미지의 땅이 아니었다.

다섯 스탄의 최고 통치자: 샤, 메가스, 칼리파, 술탄, 칸

다섯 스탄은 중앙아시아 일대에서 발흥한 모든 제국의 주요 거점이었다. 기원전 550년경 수립한 아케메네스 제국(또는 제1 페르시아 제국)을 비롯하여 이후에 등장한 페르시아의 제국들이 예외 없이 다섯 스탄을 점령했다. 당시 페르시아 왕은 '샤Shah'라 했으며, 황제는 '샤한샤'라 불렸다.

그리스 마케도니아의 알렉산드로스가 지배한 제국은 다섯 스탄의 중심지에 헬레니즘의 유산을 남겼으며, 그레코-박트리아 왕국이 이를 계승했다. 이후 이란계 파르티아 왕국에 일부 전승되었다. 알렉산드로스는 '대왕(메가스, the Great)'이라는 칭호를 붙여 그의 빛나는 업적을 기렸다.

아랍국으로는 우마이야 칼리파국, 아바스 칼리파국이 다섯 스탄을 지배했다. 이슬람 국가의 최고 지도자를 뜻하는 칼리파 Caliph는 '계승자'라는 뜻으로, 종교 권위자를 겸하는 칭호로 쓰였다. 오구즈투르크 제국은 황제에게 '술탄Sultan' 또는 '파디샤 Padishah'라는 칭호를 붙였다. 후대로 내려올수록 술탄이라는 칭호는 무게를 잃기 시작했으며, 15세기 중반 콘스탄티노폴리스를 정복하고 동로마 제국을 무너뜨린 이후로는 거의 파디샤라는 칭호를 사용했다. 유라시아 대륙의 투르크계와 몽골계 민족은 오랫동안 최고 지배 권력자를 '칸'이라 불렀다.

한편 다섯 스탄의 유목 지대는 대체로 유동적이며 개방적인 체제였다. 유목민은 가축에게 풀을 먹이기 위해 초원지대를 찾아 항상 옮겨 다니며 생활했고, 농사를 짓지 않았기 때문에 큰 노동력이 필요치 않았다. 따라서 대규모 인구를 형성하기보다는 소규모의 씨족 공동체가 더 적합했다. 이러한 씨족Clan 중심 권력의 전통은 오늘날까지 이어지고 있다. 특히 유목의 전통이 강한 카자흐스탄의 정치는 씨족을 바탕으로 한다.

전쟁은 인류로 하여금 집단 규모를 확장하게 이끌었다. 씨족 간에 싸움이 벌어지면 서로 연합하여 부족을 이루었고, 부족 간에 싸움이 벌어지면 서로 연맹을 맺어 국가 단위로 확장되었다. 투르크메니스탄에서는 근대에 이르기까지 다섯 부족이 각각 독립적인 권력 기반을 다졌으며, 19세기 후반에 비로소 부족연합 국가의 형태를 이뤘다. 반면 우즈베키스탄과 타지키스탄은 각 '지방'에 근거한 씨족이 권력 집단으로 자리 잡았다. 서쪽으로부터 히바 칸국, 부하라 칸국, 코칸트 칸국을 연고로 하는 지역에서는 지금도 씨족들이 영향력을 행사하고 있다. 예컨대 히바 칸국을 대표하는 호라즘 씨족, 부하라 칸국을 대표하는 사마르칸트 씨족, 코칸트 칸국을 대표하는 페르가나 씨족 등의 권력 집단이 존재하며, 나아가 타슈켄트 씨족이 주요 정치 집단으로 포함되어 서로 권력을 다투는 양상을 보였다.

타지키스탄은 남부의 아무다리야강 저지대 지역과 북부 시르다리야강 유역의 페르가나 분지 지역으로 나뉜다. 두 지역 사이에는 높은 산지가 있으며 양쪽을 이어주는 도로는 하나밖에 없다. 남부의 아무다리야강(판지강) 유역에는 수도 두샨베 등이 있고, 북부 시르다리야강 유역의 페르가나 분지에는 후잔트, 이스타라브샨 등의 도시가 있어 타지키스탄의 권력이 위아래로 양분되는 현상을 낳는다.

다섯 스탄의 뿌리: 정체성의 수립

소련이 해체된 후 다섯 스탄 국가는 각각 고유한 자기 정체성과 역사를 자국민과 세계에 알림으로써 국가 위상을 강화해야 하는 과제를 떠안았다. 이런 경우 이란(아리안)의 정제싱 또는 투르크의 정체성을 주창하는 게 가장 쉬운 방법이지만, '다양한 문화의 교차로'라는 중앙아시아의 특성과 다양한 국민 구성을 고려할 때 특정 종족의 정체성을 강조하는 것은 불가능했다. 우즈베키스탄 사람들이 투르크어를 사용하고 있다고 해서 투르크 전통을 지나치게 강조한다면 정치적으로 튀르키예(터키)에게 이용될 수 있고, 이슬람이라는 종교를 소구한다면 이슬람 급진주의, 근본주의가 득세하여 정권 안정을 위협할 수 있다.

사실 우즈베키스탄의 뿌리에 가까운 곳은 도심지가 아닌 투르크 문화권의 페르가나 계곡이라 할 수 있다. 그러나 정치 세력은 중앙아시아의 상징이라 할 수 있는 사마르칸트 지역을 국가 정체성의 근간으로 삼았다. 이는 14세기 이후 몽골 제국에게 짓밟힌 사마르칸트를 수도로 삼아 재건한 뒤 드넓은 유라시아로 영토를 확장한 티무르 제국을 정통으로 받아들인 것이다. 우즈베키스탄의 사마르칸트와 부하라 등 도심지에서는 페르시아(이란)어와 투르크어가 함께 쓰이고 있다.

카자흐스탄 지도자들은 카자흐스탄의 역사가 중앙아시아의 정체성을 형성한 것처럼 생각한다. 그래서 투르크멘, 튀르키예 등 오구즈투르크와 우즈베키스탄 등 차가타이(카를루크) 투르크의 역사를 고스란히 이어받은 것처럼 설명한다. 물론 중앙아시아의 역사는 혼종의 역사이기 때문에 틀린 말이라 할 순 없다. 다만 카자흐스탄 사람들이 쓰는 카자흐어의 계보에 근거할 때 투르크화된 킵차크인의 혈통이라 보는 게 타당할 것이다. 그런 측면에서 카자흐스탄은 투르크계와 몽골계 혼종의 비중이 상당히 크다고 할 수 있다.

한편 지리적 측면에서 카자흐스탄을 살펴보면, 다른 다섯 스탄 나라들과 마찬가지로 고대 이란(아리안)계의 영향을 찾아볼 수 있다. 알마티와 아스타나의 국립중앙박물관에 전시된 고대 유물에서 그 흔적을 만날 수 있다. 예컨대 1960년대 소련의 고고학 발

굴팀은 알마티 동쪽의 이식 쿠르
간 고분군에서 기원전 이란(아리
안)계 스키타이인으로 추정되는
유골의 부장품을 발굴했는데, 수
천 점의 황금 유물과 더불어 황
금 갑옷이 포함되어 있었다. 카자
흐스탄은 투르크의 정체성을 뒤
로한 채 '황금 인간의 갑옷'이라
불리는 이 정교하고 화려한 아름
다움을 자랑하는 아리안계 황금
인간을 민족의 표본으로 삼았다.
이에 따라 주요 광장의 조형물 또
는 우표를 비롯한 다양한 도안의
상징으로 아리안 황금 인간을 활
용하고 있다. 심지어 민간에서는
결혼식 때 신부의 복장으로 응용
되기도 한다.

예니세이강은 키르기스인의 기
원에 대한 서사에서 어김없이 등
장하는 강으로, 키르기스인의 먼

황금 인간

조상이 이 강 주변에 정착했다고 전해지고 있다. 예니세이강은 세계에서 다섯 번째로 긴 강으로, 몽골 북부에서 발원하여 바이칼 인근의 이르쿠츠크와 알타이 동쪽의 크라스노 야르스크를 경유하여 북쪽 시베리아를 거쳐 북극해로 들어간다.

키르크(키르그)는 투르크어로 '40'을 뜻하며, 키르기즈는 곧 '40개 민족의 모임'을 의미한다. 다른 투르크 종족과 마찬가지로 이들의 혈통에는 몽골계와 남부 시베리아계, 이란계 등이 섞여 있다. 몽골이 확장하던 시기에 이들은 예니세이강 아래로 내려와 현재의 키르기즈 땅에 정착하게 되었다. 이들은 투르크어를 사용했으며 킵차크투르크어로 발전했으나, 18세기 이후 사어가 되었다.

타지크인은 명백히 이란(아리안)계 혈통이다. 스키타이인, 호라즘인, 소그디아인, 박트리아인 등이 다섯 스탄 이란계의 조상으로, 중앙아시아에서 광범위하게 투르크화가 진행되던 7세기 무렵에는 투르크 문화를 일정 정도 수용했다. 이후 8세기 즈음 중앙아시아에 이슬람 세력이 들이닥치자 페르시아인들은 이슬람을 받아들인 중앙아시아의 이란계 사람들을 '타지크'라 불렀다. 결국 이 용어는 '다섯 스탄에서 페르시아(이란)어를 사용하는 사람들'을 가리키는 말이 되었다.

여기서 '사르트Sart'라는 용어가 등장한다. 그 어원은 불명확하지만 매우 다양한 용도로 쓰였다. 한때는 톈산 산맥 동쪽의 웨이우얼인을 지칭했고, 한때는 중앙아시아의 무슬림 전체를 통칭하기도 했다. 지금은 페르시아(이란)어를 사용하는 투르크 사람이라는 의미로 통용되고 있다. 그러니까 현대의 '사르트 사람들'은 타지키스탄과 우즈베키스탄 일부 지역에 살고 있다고 해석하면 되겠다.

타지키스탄의 지도자들은 역사적으로 고대 사만 왕국을 뿌리로 여기고 있다. 사만 왕국은 페르시아 제국이 멸망한 후 잔존 이란계 세력들이 결집하여 사마르칸트와 부하라 지역에 세운 나라로, 기본적으로 이슬람 국가를 표방했다. 당시 패권국인 '압바스(아바스) 아랍'에 저항하지 않고 우호적 관계를 형성했기 때문에 현재 이슬람을 신봉하는 타지키스탄 사람들이 무리 없이 선조로 받아들일 수 있었다. 더구나 사만 왕국이 사마르칸트와 부하라에서 페르시아의 문화를 부흥하고자 노력한 부분은 현대 타지키스탄으로서 특별히 내세울 만한 점이다.

오늘날 타지키스탄의 과제 중 하나는 동부 파미르 고원 지역의 소수민족들이다. 페르시아(이란)계와 거리가 있는 이들은 각기 다른 언어와 전통, 문화를 보유하고 있으며 간혹 중앙정부와 마찰을 빚곤 한다.

투르크메니스탄이 소련으로부터 독립한 이후 초대 대통령 사파르므라트 느야조브는 투르크메니스탄 국민의 자부심을 높이고 정권의 정통성을 확보하기 위해 투르크멘의 정체성에 관한 교시들을 발표했다. 그는 이 과정에서 기존의 역사 자료들을 폐기하기도 했으며, 스스로 교주와 같은 존재가 되어 국민의 충성을 강요했다. 또한 소련을 중심으로 공산권 국가 특유의 문화적 흔적을 지우고자 했다. 예를 들어 옛소련, 북한, 중국 등에서 인민들의 집체적 즐길 거리로 주로 애용해온 서커스를 전면 금지했다.

투르크멘 사람들의 선조는 알타이의 오구즈투르크족으로 알려져 있다. 6세기에 서남쪽 다섯 스탄 지역으로 이동하여 영토를 확장한 이들은 훗날 셀주크투르크와 오스만투르크라는 두 거대 제국의 발판을 제공했다. 그 과정에서 현재의 투르크메니스탄 지역, 서아시아 지역 일대, 현재의 튀르키예, 아제르바이잔 지역에 두루 정착하게 되었다. 원래 투르크메니스탄에는 호라즘, 스키타이인 등의 이란(아리안)계 종족들이 거주하고 있었던 만큼 새로 진출한 오구즈투르크 사람들과의 사이에서 상당한 혼종이 발생했을 것이다.

투르크메니스탄의 초대 대통령은 '오구즈칸'이 투르크메니스탄에 실재했다는 사실 등을 기반으로 투르크멘 민족의 뿌리는 알타이가 아닌 투르크메니스탄이라고 했다. 또한 '투르크'라는 용어도 '투르크멘'에서 '멘'이 탈락하여 바뀐 것으로, 셀주크투르크멘과 오스만투르크멘이라 해야 한다고 강변했다. 그러나 역사적으로 '투르크멘'이라는 단어가 사용된 기록은 중세 이후이며 그 의미에 대해서도 정확한 근거가 없어 설득력이 약하다. 오히려 이 용어의 기원에 대해서는 두 가지 설이 유력하다. 하나는 오구즈투르크인과 타지크인 사이의 혼혈인을 '투르크멘'이라 부르기 시작했다는 것이고, 다른 하나는 투르크인 가운데 일부, 특히 이슬람을 받아들인 이들을 '진짜 투르크'라는 의미로 투르크멘이라 부르기 시작했다는 설이다. 그러나 실제로 투르크멘 사람들은 스스로를 말할 때 투르크멘이라 하지 않고 테케인, 요무드인, 사리크인 등 주요한 다섯 부족의 이름을 내세웠다. 이들 다섯 종족은 투르크멘공화국이라는 소련 연방공화국이 되었을 때 비로소 단결했다.

다섯 스탄의 생활

다섯 스탄 국가에 살아가는 이들의 바탕에는 항상 종교가 자리하고 있다. 고대부터 유라시아의 각 지역에는 텡그리(하늘신)를 숭배하는 신앙이 널리 퍼져 있었다. 이후에 불을 숭배한다 하여 배화교라고도 하는 조로아스터교가 정주 생활을 하는 지역의 중심 신앙이 되었다. 박트리아 출신으로 추정되는 자라투스투라에 의해 종교화되었으며 광범위한 지역의 이란(페르시아)계 사람들이 신봉했다.

다섯 스탄에서 가장 큰 비중을 차지하는 종교는 이슬람이다. 8세기 초 다섯 스탄 지역을 점령한 아랍의 우마이야 칼리파국과 호라산의 아랍 총독은 정주 지역의 사람들에게 이슬람 신앙을 강제했고, 이후 아바스 칼리파국을 거쳐 수백 년 세월 다섯 스탄 북부 유목민과 웨이우얼 사람들이 이슬람화했다. 기본적으로 다섯 스탄 지역의 종파는 수니파이고 페르시아(이란)는 수니파였다가 시아파로 바뀌었다.

다섯 스탄 지역 사람들은 다른 지역의 무슬림보다는 덜 계율에 얽매이는 것으로 알려져 있다. 특히 유목민 전통이 상대적으로 강한 북부 지역에서는 이슬람식 종교 생활이 엄격하지 않은 편이다. 유목민의 전통과 긍지를 엿볼 수 있는 사례가 바로 100여 개국이 참가하는 세계유목민경기대회다. 종목은 말을 달리며 활쏘기, 씨름, 말 위에서 씨름 등을 겨루는데, 그중 가장 흥미롭고도 격렬한 종목은 선수들이 말을 타고 달리며 양의 사체를 상대방의 골대에 집어넣는 콕파르다. 콕파르는 카자흐스탄에서 불리는 명칭으로, 이 밖에도 부즈카시, 콕보루, 쿱카리, 울락타르티시 등 다양한 명칭이 존재한다.

현대에도 중앙아시아 사람들은 종교상의 이유로 전통 복식을 고수하고 있다. 모자는 민족에 따라 모양과 이름이 다른데, 오구즈투르크와 킵차크투르크인은 세로로 깊고 가죽이나 양털 펠

트로 만든 칼팍이라는 모자를 썼다. 튀르키예 등 오구즈투르크의 후예가 쓰는 칼팍은 모양이 원통형에 가깝고, 키르기스나 카자흐 등 킵차크투르크인의 칼팍은 원뿔형에 가깝다. 타지크와 카를루크투르크인은 이란계 호라즘으로부터 기원한 도파라는 모자를 썼다. 도파는 상대적으로 높이가 낮은 편으로, 타지크나 우즈베키스탄인의 도파는 딱딱하고 각진 편이고 웨이우얼인의 도파는 둥글고 부드러운 모양이다.

다섯 스탄의 음식 문화는 크게 북쪽의 유목 지역과 남쪽의 정주 지역으로 나뉜다. 유목 지역의 음식은 전통적으로 가축의 젖

키미즈와 질릭마이

중앙아시아는 물론 아랍과 인도 아대륙까지 점령한 볶음밥 플로프

으로 만든 종류가 많다. 젖을 요구르트로 발효시킨 후 물과 소금
을 첨가한 음료인 아이란, 낙타 젖을 발효시킨 슈바트(찰 또는 호
르목), 말 젖을 발효시켜 만든 음료 키미즈(또는 쿠미스) 등이다. 키
미즈는 발효 과정에서 알코올이 생성되어 막걸리와 비슷하면서도
훨씬 시큼하고 떫은맛을 느낄 수 있다.

카자흐스탄의 주된 요리로는 말고기 또는 양고기를 푹 삶
아 국물이 자작자작한 쿠이르닥(또는 쿠르닥), 말뼈 등을 카누
모양으로 잘라 골수와 함께 먹는 질릭 마이, 삶은 고기류를 얇
게 썰고 빵이나 국수와 함께 손으로 먹는 베시바르막 등이다.

192

카레이스키의 음식인 마르코프차

'베시바르막'은 다섯 손가락을 뜻하며 투리미, 도그리미, 쿨라마라고도 한다. 다양한 모양으로 빵을 튀긴 바우르삭은 치즈나 꿀과 함께 먹는데 타지크 사람들은 보르트속이라 한다.

텐산 산맥 동쪽 웨이우얼에서도 정주 지역의 전통음식을 즐겨 먹는다. 대량의 쌀을 기름과 함께 커다란 솥에 볶아 나눠 먹는 식의 플로프는 중앙아시아뿐만 아니라 아랍권, 페르시아권, 그리스, 인도 아대륙 등지에서도 즐겨 먹는 볶음밥이다. 나라에 따라 팔로프, 필라프, 필라우 등 명칭이 다양하며, 웨이우얼 지역에 사는 한족들은 쇼우좌판手抓飯이라 한다. 국수 위에 각종 채소와 양고기를 얹어 먹는 라그만도 대중적인 음식으로, 한족들은 반몐拌面이라 한다. 양고기와 양파를 넣은 빵요리인 솜사는 타지크에서 삼부사, 카자흐에서 삼사라 한다. 이 외에도 다섯 스탄 사람들은 샤슬릭·홍차·만두 등의 음식 문화를 러시아, 몽골, 중국 등과 공유한다.

특기할 만한 식문화는 고려인(카레이스키)의 음식인 마르코프차다. 이 음식은 중앙아시아로 강제 이주된 고려인들이 현지에서 자라는 당근(마르코프)으로 고향의 무김치와 비슷하게 만든 것으로, 이름에 붙은 '차'는 채소를 뜻한다. 유라시아 대륙 역사의 한 시기를 증언해주는 고려인의 애환이 고스란히 느껴지는 음식이다. 마르코프차는 이제 고려인뿐만 아니라 일반 러시아 사람들도 많이 먹는 음식이다. 다섯 스탄 각 나라 전통시장과 마트에서 판매되고 있는 이 당근 김치를 맛보면서 강제이주 동포들의 삶을 느껴보길 바란다.

맺는 글

중앙아시아의 역사를 고려할 때 다섯 스탄 국가는 러시아와 중국에 편향되었거나 그러할 것으로 보인다. 하지만 이들 국가는 정치·경세·군사직으로 특징 강국의 구심력에 휩쓸려 종속국가로 전락할 것을 우려하여 주변 강국의 영향력을 경계해왔다.

이는 초대형 국가를 이웃에 둔 나라들의 일반적인 숙명이기도 하다. 그런 이유로 소련 붕괴 이후 얼마간은 유럽 국가들과 일대일 또는 일대 다자, 다자간 관계를 맺는 등 유럽과 친밀한 경향을 보였다.

미국은 지정학적으로 러시아와 이란 및 중국을 견제하기 위해 중앙아시아에 주의를 기울여왔으며, 9·11 사태 이후 테러리즘 이슈에 간여해왔다. 튀르키예는 역사적으로 두 차례 거대 제국을 세웠다는 자긍심을 바탕으로 범투르크주의를 앞세워 다섯 스탄 국가와 우호 관계를 도모하고 있다. 특히 역사와 언어, 종교 면에서 공통점이 꽤 많은 우즈베키스탄과 경제적 협력을 형성하고 있다. 그러나 우즈베키스탄의 지도부는 튀르키예의 잠재력을 그리 높게 평가하지 않으며, 추진해온 공동 사업은 점차 축소되고 있다. 이슬람권 국가들의 맹주를 자처하는 사우디아라비아는 아랍 에미리트와 함께 다섯 스탄 국가에 대해 인프라 투자와 직접투자 FDI를 하고 있다.

일본은 특유의 치밀함으로 다섯 스탄 국가의 다양한 분야에 깊게 침투한 실정이다. 정부 차원에서 주도하는 C5(Central 5)+1(J) 활동을 강화하고 있으며, 카자흐스탄의 신수도이자 계획도시인 아스타나 개발에도 참여했다. 일본국제협력기구JAICA는 각국에 이공계 대학과 연구개발 및 창업 기관을 지원했다.

한국은 1990년대 중반 우즈베키스탄에 적극적으로 진출한 대우그룹이 현지에 자동차와 전자제품 공장을 짓고 직접 제품을 생산했다. 한때 대우자동차의 시장점유율이 90퍼센트가 넘기도 했으나 대우그룹의 해체와 함께 공장들은 다른 곳에 인수되었다. 또한 한국은 카자흐스탄과 투르크메니스탄의 석유 가스 사업에 일부 참여하고 있으며, 카자흐스탄의 건설 및 전자 산업, 투르크메니스탄의 플랜트 산업에 진출하고 있다.

잠재력이 높은 이들 다섯 스탄 지역에서 한국의 민관 조직이
더 많이 참여할 수 있기를, 그리고 서로의 발전을 돕는 가치의 탄
생을 기대한다.

중앙아시아의 다섯 스탄
ⓒ 오강돈

초판인쇄 2026년 2월 27일
초판발행 2026년 3월 11일

지은이 오강돈
펴낸이 강성민 이은혜
책임편집 강성민
편집 양나래 심예진 최유진
관리 및 편집보조 김유나 김지우
마케팅 정민호 한경화 한민아 박진희 황승현 김경언 양지연
브랜딩 함유지 김은솔 박민재 이송이 박다솔 조다현 김하연 이준희

펴낸곳 (주)글항아리 | 출판등록 2009년 1월 19일 제406-2009-000002호

주소 경기도 파주시 문발로 214-12 4층
전자우편 bookpot@hanmail.net
전화번호 031-955-2690(마케팅) 031-941-5161(편집부)

ISBN 979-11-6909-544-0 03910

잘못된 책은 구입하신 서점에서 교환해드립니다.
기타 교환 문의 031-955-2661, 3580
www.geulhangari.com